통합사회와 윤리 교과서의
사상가들

통합사회와
윤리 교과서의 사상가들

초 판 1쇄 인쇄일 2025년 4월 21일
초 판 1쇄 발행일 2025년 5월 9일

지은이 김종익
감 수 문종길
펴낸이 양옥매
디자인 표지혜 송다희
마케팅 송용호
교 정 이원희

펴낸곳 도서출판 책과나무
출판등록 제2012-000376
주소 서울특별시 마포구 방울내로 79 이노빌딩 302호
대표전화 02.372.1537 팩스 02.372.1538
이메일 booknamu2007@naver.com
홈페이지 www.booknamu.com
ISBN 979-11-6752-605-2 (03190)

통합사회와
윤리 교과서의

사상가들

김종익 지음

문종길 감수

★★★

사상가 40인의
핵심 개념 한눈에 보기

책나무

들어가며

* * *

    어느 때보다 절망을 극복하는 힘이 희망이라는 믿음을 갖지 않으면 안 되는 힘든 시기의 중심에 서 있다. 하루가 멀다고 들려오는 과학기술의 진보 때문이다. 어느덧 모든 것이 과학기술로 이해되고, 설명되는 시대의 중심에 선 우리는 의식적으로라도 다시금 근본적인 물음을 되묻지 않으면 파도에 떠밀리는 정체성을 잃은 부유물 같은 처지에 자신이 내맡겨져 있다는 사실을 받아들이지 않으면 안 되는 처지에 놓이게 된다. 자신의 정체성을 유지하기 위해 항상 지녀야 할 근본 물음, 그것은 성찰이다. 고전적인 표현을 빌리자면, 외적 조건이 자신을 조종하도록 내버려둘 것인가 아니면 스스로 자신을 형성하고 창조해 가는 주체가 될 것인지의 물음이다. 과학기술에 의한 인간 자신의 도구화가 일상이 되어가고 있는 요즘, 더욱 성찰의 의미를 곱씹는 순간들이 많아지고 있다. 그리고 그에 대한 하나의 처방이 고전 읽기를 통한 자아 성찰일 수 있음을 늘 생각하고 있고, 이제 그 하나의 결과물을 내놓고자 한다.

    여기 실린 40인의 서양과 동양의 사상가들은 고등학교 통합사회와 윤리 교과서(현대사회와 윤리, 윤리와 사상)에 실린 인물들이다. 따라서 이들의 사상 궤적을 함께 따라 밟아가는 경험은 삶에 대한 근본적 통찰의 기회를 제공해 주는 것은 물론, 근본을 놓치지 않는 자신의 정체성을 형성하고 유지함으로써 자신의 삶이 더 가치를 지니도록 하는 데 도움을 줄 것으로 믿는다.

현실적 · 실용적 측면에서 여기 실린 사상가들은 수능과 논술을 준비하는 고등학생에게 실질적으로 큰 도움을 주리라 확신한다. 또 깊이 있는 지식과 교양을 바라는 일반인과 대학에서 윤리 교사의 꿈을 다지고 있는 학생들에게도 큰 도움을 줄 수 있으리라 기대한다. 더불어 이 책에 실린 인용문들은 우리말로 옮긴 원전의 내용들을 그대로 옮긴 것도 있고, 문장을 간명하게 읽도록 수정하거나 편집한 경우도 있지만, 전체적으로는 원전의 내용이 훼손되지 않도록 하고자 노력했다.

특별히 이 책이 나오기까지 인내심을 갖고 모든 내용에 대해 현장 교사와 수험생의 입장에서 감수해 주고, 선생님의 글을 인용할 수 있도록 허락해 주신 문종길 선생님께 감사드립니다.
또한, 어려운 시기에 원고와 편집, 디자인에 이르기까지 세심하게 배려해 주신 책과나무의 양옥매 실장님과 편집자분들에게도 드립니다.

2025년 5월
김종익

차 례

고대 서양

중세 서양

근대 서양

현대 서양

근대 서양

• • • 현대 서양

• • • 고대 중국

◆ ◆ ◆

한국

◆ ◆ ◆

인도

01

소크라테스
Socrates

"지식[知]이 곧 덕(德)이고 행복[福]이다"

모든 정신적인 시도와 인내는 지혜(앎)가 주도하면 행복으로 귀결되지만, 무지가 주도하면 그 반대로 귀결된다. 만약 덕(德)이 정신적인 것이고, 또한 유익한 것이 분명하다면, 마땅히 지혜여야 한다. 왜냐하면 정신적인 모든 것들은 그 자체로는 유익하지도 해롭지도 않지만, 지혜를 동반하느냐 아니면 어리석음을 동반하느냐에 따라 유익할 수 있고, 해로울 수 있기 때문이다. 따라서 덕이란 유익한 것이므로 지혜여야 한다.

잘 알려져 있듯이 술을 좋아했고 얼굴이 코는 딸기 주먹코 모습이었

통합사회와 윤리 교과서의 사상가들

던 소크라테스(기원전 470?~기원전 399)는 그 당시 도덕적 삶에 대한 철학적 고민을 가장 진지하게 했던 고대 아테네의 철학자이다. 소크라테스 아버지의 직업이 석공이고, 소크라테스의 직업 또한 석공이었다는 사실은 우리가 익히 알고 있다. 그런데 석공이 하는 일과 소크라테스의 사상에는 중요한 공통점이 있다. 왜냐하면 석공이 하는 일이 아직 규정되지 않은 돌덩어리를 석공 자신이 구상한 이상적인 모습의 실현을 위해 끊임없이 쪼아가는 과정을 거치면서 마침내 훌륭하게 완성해 내듯이, 소크라테스는 인간의 삶 또한 이성적 존재인 인간이 자신의 영혼(정신)을 끊임없이 성찰하고 살피는 그와 같은 과정을 거치면서 마침내 보편적 앎이라는 참된 지혜를 지닐 수 있게 된다는 점을 강조하고 있기 때문이다.

소크라테스는 항상 인간은 자신의 영혼을 잘 돌보는 삶을 살아야 하며, 그러한 삶은 일시적인 것이 아니라 자신의 전 생애에 걸쳐 이뤄져야 하는 과제라고 받아들였다. 그의 이런 생각은 우리에게 흔히 '무지의 자각'으로 알려져 있고, 자신의 무지에 대한 자각으로부터 자기 삶에 대한 성찰은 시작된다고 보았으며, 산파술과 같은 문답법은 무지에서 참된 앎[지(知), 지혜]에 이르기 위해 필요한 중요한 방법론이었다. 그는 자신의 삶을 되돌아보는 성찰적 삶을 강조했는데, 이러한 삶의 중요성을 그는 "비판적으로 음미하지 않는 삶은 더 이상 살 가치가 없다."라고 표현했다.

자신이 모르고 있으면서도 알고 있다고 믿는 것이 인간이 갖고 있는 무지 중에서 가장 큰 무지이다.

소크라테스는 어리석은 모든 행동은 무지에서 비롯되고, 옳은 모든 행동은 참된 앎[지(知), 지혜]에서 비롯된다고 보았다. 그가 이런 생각을 한 이유는 인간은 결코 자발적으로 나쁨이나 악을 추구하지 않는다고 보았기 때문이다. 이에 근거해 그는 참된 앎에서 나온 행동은 자발적이지만, 무지에서 나온 행동은 비자발적 행동이라고 보았다. 그에게 자발적 행위란 참된 앎에서 비롯된 행위이고, 비자발적 행위란 무지에서 비롯된 행위인 것이다. 이렇게 볼 때, 그는 올바른 영혼을 지닌 사람은 덕(德) 있고, 행복한 삶을 살아가지만, 그렇지 못한 사람은 불행한 삶을 살아가리란 믿음을 갖고 있었다고 할 수 있다. 이처럼 그는 참된 앎(지혜)은 곧 인간의 탁월한 고유성[덕(德)]을 잘 발휘하는 것이고, 그런 삶은 곧 행복한 삶이라고 보았는데, 이를 가리켜 '지덕복(知德福) 합일설'이라고 부른다.

인간의 올바른 영혼, 즉 정신의 탁월한 상태를 최선으로 보았던 소크라테스의 이와 같은 입장을 흔히 '윤리적 보편주의'라 하는데, 이것은 보편타당한 윤리란 존재하며, 그것은 영혼(정신)의 탁월성을 발휘함으로써 가능하다는 견해이다.

덕(德)은 영혼 속에 있는 것들 중 하나이고, 그것이 유익한 것이라면 반드시 지식이어야 한다. 영혼에 관련된 모든 것들은 그 자체로서는 유익하거나 유해하지도 않지만, 지식이 더해

지거나 무지가 더해지느냐에 따라 유익하게 되기도 하고, 유해하게도 되기 때문이다.

인용문처럼 소크라테스는 '지식(지혜)'이 지닌 힘을 강조했는데, 그는 "지식보다 더 강한 것은 없다."라고 말하기도 했고, "언제 어디서든 간에 쾌락을 비롯한 다른 모든 것을 지배하는 것은 항상 지식"이라고 주장하기도 했다. 물론, 이때 지식이 주관적이며 상대적인 것이 아니라 보편적이며 절대적인 것이라는 점은 당연하다. 하지만 소크라테스는 기원전 399년 그의 이와 같은 입장에서 볼 때 자신의 무지를 깨우치지 못한 아테네의 시민이자 배심원 500명으로부터 청년 선동과 신성 모독의 죄목으로 사형을 선고받게 된다.

결론적으로 소크라테스는 자신의 영혼을 최선의 상태로 돌보고 가꾸어 가는 삶, 즉 덕(德)이 있는 삶이란 다름이 아니라 '탁월한 삶'이며, 또한 삶의 목적인 행복에 이른 삶이며, 참된 앎을 추구하는 삶이다. 그의 이러한 생각을 일반적으로 '주지주의', '윤리적 보편주의'라 부르며, 이것은 '윤리적 상대주의'로 평가받고 있는 프로타고라스 등과는 분명한 대조를 이루고 있다.

소크라테스

- 영혼의 돌봄과 윤리적 보편주의
- 지식(지혜) = 덕(德) = 행복: 지복덕 합일설
- 지식 = 자발적 행위, 무지 = 비자발적 행위
- 주지주의와 지행합일설

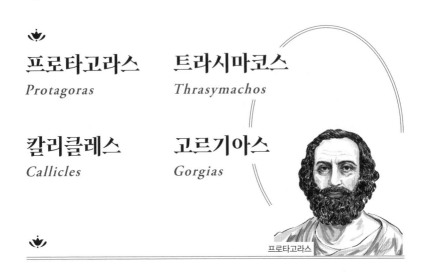

프로타고라스
Protagoras

트라시마코스
Thrasymachos

칼리클레스
Callicles

고르기아스
Gorgias

프로타고라스

"정의란 강자의 이익 외에 다른 어떤 것도 아니다" 트라시마코스

프로타고라스(기원전 490?~기원전 420?)는 기원전 5세기 소크라테
스와 함께 가장 중요한 고대 철학자 중 한 사람이다. 그의 주장과 가
르침은 실용적이고 구체적인 목표를 갖고 있었으며, 그런 점에서 당
시 아테네의 민주주의 기본 원리와도 일치했다. 고대 그리스 민주주
의가 정점에 이르렀던 시기 페리클레스의 절친이기도 했던 그가 강조
했던 기술은 수사학(의미 전달에 효과적인 문장과 어휘를 사용해서 설
득의 효과를 높이기 위한 표현 방법을 강조함)이었고, 그것은 직접 민
주제의 한 형태로 국가의 의사를 결정하던 최고 기관이었던 민회에서
자신의 주장을 펼치는 데 필요한 기술이기도 했다.

통합사회와 윤리 교과서의 사상가들

인간은 모든 것(만물)의 척도이다. 존재하는 것에 대해서는 그것이 존재한다는 것에 대한 척도이고, 존재하지 않는 것에 대해서는 그것이 존재하지 않는다는 것에 대한 척도이다.

위의 인용문은 프로타고라스가 윤리적 상대주의자이자 상대주의적 진리관을 지니고 있었음을 분명하게 드러내고 있다. 그것이 무엇이든지 그것을 평가하고 판단하는 기준은 각 개인이라는 점을 위의 인용문을 통해 '인간'이라는 용어로 표현하고 있기 때문이다. 즉 어떤 것이 실제로 존재하는지, 아니면 그렇지 않은지에 대한 판단을 내리는 기준은 각 개인의 주관적 판단에 달려 있다는 뜻이다. 프로타고라스의 이런 생각은 "어떤 것들이 나에게 나타나는 대로 그것들은 나에게는 그렇게 존재하며, 어떤 것들이 당신에게 나타나는 대로 그것들은 당신에게 그렇게 존재하는 것이다."라는 말로 대변되기도 한다.

결론적으로 프로타고라스는 각자는 자신이 경험한 바에 따라, 또 자신의 감정과 감각에 따라, 그리고 자신의 주관적 신념에 따라 사물이나 현상을 판단한다는 뜻이 되는데, 이것은 그가 개인의 감각적 경험이 지식과 도덕의 근원이라고 말하고 있는 것과 같다. 또한 이러한 특성은 프로타고라스와 같은 소피스트들이 세속적 명예나 부의 가치를 중시하고 추구하는 것을 당연하고 정당한 것으로 여기고 있었다는 점과도 자연스럽게 연결된다.

각 국가의 통치 형태는 자기(통치자) 이익을 위해 법을 제정하며, 법을 제정한 다음에는 자기에게 이익이 되는 것이 피치자에게도 정의로운 것이라고 선언하면서 법을 어긴 자들을 처벌한다. 따라서 수립된 통치 형태의 이익이 곧 정의이다. 정의는 모든 곳에서 똑같고, 그것은 더 강한 자의 이익이다.

트라시마코스(기원전 459~기원전 400)는 위의 인용문처럼 "힘(권력)이 옳음을 만들어낸다.", "정의란 강자의 이익 외에 다른 어떤 것도 아니다."라고 주장한다. 그에 따르면, 정부란 강자가 약자를 지배하기 위해 내세운 것이며, 더 나아가 세계를 지배하는 것도 권력이다. 힘을 가진 통치자들은 오직 자기 이익 실현을 위한 수단으로 법을 제정하고, 정의라 부르는 것도 결국은 통치자 자신에게 이익이 되기 때문에 그들이 요구하는 것이라는 논리이다. 이런 생각은 같은 소피스트인 칼리클레스에게서도 그대로 드러난다.

덕(德)이란 욕구를 최대한 충족시키는 것이다. 삶을 올바로 살려는 사람은 자신의 욕구를 가능한 한 늘리되 억눌러서는 안 되며, 그렇게 커진 욕구를 용기와 지혜로써 충분히 받들어야 한다. 사람들은 자기 스스로 쾌락을 충족할 능력이 부족할 때, 자신의 비겁함을 감추기 위해 절제와 정의를 칭송한다.

이처럼 칼리클레스(기원전 484경~5세기 후반)는 강자(뛰어난 자)가

약자(열등한 자)를 지배하는 것은 자연스러운 일, 즉 자연의 법칙이므로 인간 또한 이와 같은 자연법에 따라야 한다고 주장한다. 그리고 이를 위해서는 자신의 욕구와 욕망을 있는 그대로 드러내면 되는 것이지, 어떤 방식을 통해 그것을 통제하려 해서는 안 된다고 주장한다. 왜냐하면 그에게 "정의의 최고봉은 무력을 통해 얻어지는 정복"이기 때문이다.

한편, 프로타고라스의 지식에 관한 상대주의적 입장은 고르기아스(기원전 483?~기원전 376)에 이르러 객관적 인식 또는 지식을 부정하는 회의주의에 봉착하게 된다. 그에 의하면, 진리란 존재하지 않으며, 존재하더라도 그것을 할 수 없고, 전달할 수도 없다.

> 아무것도 존재하지 않는다. 비록 어떤 것이 존재한다 해도 우리는 그것을 알 수 없다. 또 우리가 그것을 안다고 해도 다른 사람에게 그것을 전달할 수 없다.

진리에 관한 회의주의적 관점이라고 부르는 고르기아스의 이러한 입장을 '극단적 회의주의'라 부르기도 하는데, 사실 이런 주장은 자체 모순이기도 하다. 왜냐하면 "진리는 존재하지 않는다."라고 주장하면서, "진리는 존재하지 않는다."라는 명제는 진리라고 말하고 있기 때문이다.

소피스트의 주요 입장을 요약하면, 그들은 보편타당한 윤리나 진리를 부정한 상대주의자들이었으며, 인간의 지식(앎)과 도덕의 근원을 각자의 주관적인 감각이나 경험에 두는 한편, 이를 정당화하기 위한 수사학에 능했으며, 이를 기반으로 부와 권력, 명예 등 세속적 가치를 획득하는 것을 중요하게 여겼다는 점이다.

소피스트

- 윤리와 진리에서의 상대주의적 관점
- 지식과 도덕의 근원으로서 각 개인의 주관적인 감각적 경험 강조
- 프로타고라스: 만물의 척도로서 인간 강조
- 트라시마코스, 칼리클레스: 강자의 권력(힘)과 이익 강조
- 고르기아스: 극단적 진리 회의주의

플라톤
Platon

"통치자는 좋음 자체를 인식하고 지혜를 지닌 철학자여야 한다"

플라톤(Platon, 기원전 427?~기원전 347?)은 소크라테스의 제자이기도 하고, 아테네의 최고 귀족 가문의 후손이기도 하며, 아카데미아를 세워 학생들을 가르친 교사이기도 하다. 플라톤은 요즘 기준으로 말하면 명문가 집안의 '엄친아'였다고 할 수 있다. 그는 머리 좋고, 운동 잘하고(레슬링 선수), 얼굴까지 잘생겼던 것으로 알려져 있다. 그도 그럴 것이 '플라톤'이라는 이름의 뜻이 '넓은 어깨'라고 하니 그는 공부면 공부, 운동이면 운동, 외모면 외모 등 모든 면에서 우월한 유전자를 지녔던 것으로 알려져 있다. 아무튼 석공에 못생긴 외모의 소크라테스와는 모든 면에서 비교될 만한 완벽한 '훈남'인 플라톤이 소크라테스의 제자라는 사실이 흥미롭다. (*소크라테스에 대한 외모 비하로 받아들이지 말기를.)

기원전 399년 독배를 마시고 감옥에서 삶을 마감해야 했던 스승 소크라테스의 죽음은 플라톤에게 정신적 충격이었을 것이다. 이후 그는 정치적 이상을 찾아 여행길을 올랐고, 그 과정에서 '영원하여 불변하는 지식으로서 수학'을 탐구하던 '피타고라스(기원전 582?~기원전 497?)학파'의 수학자들과도 교류하게 되는데, 이것은 플라톤 사상의 핵심이자 절대 진리에 관한 '이데아(Idea)' 개념을 구체화하는 데 중요한 영감이 되어 주었다. 그의 대표적인 저서이자 정치 철학서인『국가』는 그의 '이상주의'와 '참된 정의', 그리고 정의로운 국가와 '행복한 삶'에 관한 고전이기도 하다.

> 우리는 아름다움 자체, 좋음 자체를 가정하는데, 이런 식으로 각각의 것들에는 '이데아'가 있다고 받아들인다. 즉 책상에는 책상의 이데아가, 식탁에는 식탁의 이데아가 있다. 이런 식으로 우리는 이데아, 즉 진리와 인식(지식)의 근원인 좋음[선(善)]의 이데아에 근거해 '좋음'을 닮은 각각의 것들, 즉 현상 세계의 사물(현상)을 인식한다. 이때 책상이나 식탁은 좋음을 닮은 것이지, 좋음 자체는 아니다.

이처럼 이데아는 참된 앎과 관련된 것이고, 우리가 이성을 통해 이데아를 인식한다는 말은 최고의 보편적 진리를 인식한다는 말과 같

통합사회와 윤리 교과서의 사상가들

다. 플라톤은 이것을 동굴 속에 갇힌 죄수가 그곳에서 나와 태양을 보게 되는 과정에 비유한다('동굴의 비유'). 여기서 죄수의 삶은 감각과 경험, 모방을 따르는 불완전한 삶을 상징하고, 태양은 보편적이고 참된 진리인 최고선(善)의 이데아를 상징한다. 플라톤에게 이데아는 진리와 인식의 근원이 되므로 변하거나 불완전해서는 안 되고 영원하고 불변하며, 그러므로 참되고 보편적인 것이다.

마치 손으로 그린 삼각형이나 모래 위에 그린 삼각형은 시간이 지나면서 변하고 사라지지만, 그것을 삼각형이라고 부르게 했던 근원으로서 그것, 즉 삼각형의 이데아는 참되고 영원한 것이다. 참되고 이상적인 것에 관한 플라톤의 생각은 소크라테스의 죽음과 관련을 맺으며 이상적인 국가에 대한 아이디어로 발전해 나간다. 결론부터 말하면, 그는 철학자[철인(哲人)]가 다스리는 나라를 이상적인 나라라고 보았다.

정의는 인간 영혼의 부분들, 즉 이성, 기개, 욕구가 서로에 대해 참견하지 않고, 고음, 중간음, 저음이 화음을 이루듯 자기에게 고유한 역할(기능)을 참되게 잘 발휘하여 여럿이 하나인 것처럼, 절제 있고 조화를 이루는 것이다. 정의는 국가 안에서 서로 참견하지 않고 자기 성향에 따라 가장 적절한 한 가지 역할(일), 즉 지혜, 용기, 절제를 보전할 때 가능한데, 이것을 가리켜 각자는 자기 것을 소유하고, 자기 일을 하는 것이라고 한다. 즉 서로의 직분 교환이나 참견 없이 성향상 상인은 상인을, 군인은 군인을, 통치자는 통치를 하는 것이다. 통치자는 수호자들 중에서 좋음 자체를 인식하고 지혜를 지닌 철학자가 되어야 한다.

이상적인 것(이데아)이 실제로 존재한다는 '이상주의자'였던 플라톤은 이를 확장하여 이상적인 국가로 구체화했고, 이것을 이데아에 대한 지식과 지혜를 지닌 철학자가 다스리는 나라, 사회의 여러 계층이 각자 자신의 고유한 영혼(이성, 기개 욕구)을 가장 잘 발휘하여 자신들의 덕(지혜, 용기, 절제)에 따라 서로 참견하지 않고 자신의 역할만을 충실히 수행하는 조화를 이룬 나라로 제시했다. 또 쌍두마차를 끄는 말을 마부가 통제해야 하는 것처럼, 이성이 기개와 욕구를 통제해야 한다는 그의 생각은, 한 나라에서 통치자는 보조자 계층(군인)과 생산자 계층을 다스려야 한다는 것으로 이어진다. 물론, 그에 의하면, 이처럼 정의롭고 훌륭한 나라는 철학자에 의해 다스려져야 하며, 통치자는 반드시 철학을 해야 한다고 보았다. 그렇지 않으면 나라는 혼란을 피할 수 없고, 결국 무너질 것이라고 경고했다.

내가(소크라테스) 지금 지혜롭고 선한 신들에게로 가는 것이라는 신념이 없다면, 그리고 이 세상 사람보다 더 훌륭한 저세상 사람들에게로 간다는 신념이 없다면, 죽음을 당하여 슬퍼하는 것은 당연하겠지. 내가 선한 신들에게 간다는 나의 믿음에는 변함이 없네. 철학자는 죽음이 왔을 때 기쁜 마음을 갖고, 죽은 다음 저세상에서 가장 큰 선을 얻을 것이란 희망을 지닌 사람이며, 살아 있는 동안 죽음을 바라왔던 사람이네. 죽음이란 축복받은 사람들이 있는 곳으로 가는 것이니, 나를 어떻게 매장을 하든 오직 내 육체만을 파묻는 것이라고 해주게.

이제 오늘날 중요한 쟁점 중 하나인 죽음, 즉 플라톤은 죽음을 어떻게 바라보았을까를 간단히 살피기로 하자. 독배로 삶을 마감한 소크라테스의 이 말은 또한 플라톤의 죽음에 대한 생각이기도 하다. 플라톤은 인간을 영혼과 육체로 나누어 보았는데, 살아 있는 동안 영혼은 육체라는 배를 빌려 타고 있다가 죽음이 왔을 때 영혼은 자신을 가두고 있던 육체라는 감옥에서 해방되어 참되고 영원하며 불멸하는 이데아의 세계로 들어가는 것이라고 보았다. 물론, 살아 있는 동안 우리는 매 순간 지혜를 얻기 위한 삶, 즉 철학적 영혼으로서 삶을 멈추지 않아야 하는데, 위의 인용문에서는 이것을 살아 있는 동안 죽음을 바라는 삶, 다시 말해 감각적 육체에 휘둘리지 않도록 무지에 대한 자각과 지혜에 이르기 위한 성찰의 삶이라 말하고 있다.

플라톤을 이해하는 흥미로운 주제로 '기게스의 링'이 있지만, 분량이 정해져 있어 다음 기회에 다루기로 하자. 아무튼 지금까지 내용을 정리하면, 플라톤은 이데아라는 관념이 실제로 존재(실재)한다고 주장했고, 이에 기초해 세계 또한 이상적인 이데아의 세계와 불완전한 현실(현상) 세계로 나누어 보았으며, 인간도 마찬가지로 정신(이성)과 육체로 나눠서 보아야 하고, 죽음이 왔을 때 영혼과 육체가 분리된다는 이원적 관점을 지니고 있었음을 알 수 있다. 또 이런 생각을 확장하여 이상적인 국가와 불완전하고 혼란한 국가로 나눈 다음, 이상적인 국가란 계층의 구분이 있으며, 지혜의 덕을 갖춘 철학자가 나머지 계층을 다스림으로써 가능해진다는 믿음을 갖고 있었다.

플라톤

- 참되고 영원한 이데아(Idea)의 세계와 불완전한 현상(현실) 세계
- 지혜의 덕을 갖춘 철학자가 다스리는 이상적인 국가
- 인간의 영혼을 이성, 기개, 욕구로 분류함(이성의 기개, 욕구 지배)
- 인간의 영혼이 갖춰야 할 덕을 지혜, 용기, 절제로 제시함
- 철학적 영혼을 지닌 사람은 죽음을 두려워하지 않음
- 기게스의 링, 동굴의 비유, 마차의 비유

04

아리스토텔레스
Aristoteles

"행복이란 덕과 일치하는 정신의 관조적 활동이다"

아리스토텔레스(기원전 384~기원전 322)의 아버지는 마케도니아 왕의 주치의였고, 어머니 또한 부유한 가문의 후손이었던 것으로 알려져 있다. 덕분에 그는 부유한 어린 시절을 보냈고, 아테네로 유학하여 플라톤의 아카데미아에서 공부하는 행운도 가졌다. 여기에 더하여 그의 학문적 열정은 그가 이방인이었음에도 아테네에 오랫동안 머물 수 있는 이유가 되어 주었다. 당시 그리스 세계가 폴리스였던 점을 고려할 때, 아테네인들 또한 이방인에 대해 호의적이지는 않았다. 실제로 아리스토텔레스는 플라톤이 죽자 아테네를 떠나게 되는데, 그 주된 이유는 마케도니아의 팽창정책으로 아테네에 반(反)마케도니아 정서가 팽배했었기 때문이다. 그 후 다시 아테네로 돌아와 리케이온(학교)을 세우지만 다시 아테네를 영원히 떠나야 했던 이유 또한 아테네의 반마케도니아 정서 때문이었다. 아테네와 아테네인들에게 영원한 이방인일 수밖에 없었던 아리스토텔레스가 자신의 윤리학과 정치 철학에서 공동체의 덕과 동료 시민들 간 우정(우애)을 강조했던 이유를 그의 삶과 연결 지어 이해해 보는 것도 흥미로울 것 같다. 참고로 플라톤과 아리스토텔레스, 즉 스승(이상주의자)과 제자(현실주의자)의 관계이자 두 사람의 사상적 차이를 가장 잘 표현하고 있는 작품으로 르네상스 시기에 활동했던 라파엘로(1483~1520)의 『아테네 학당』이 있다.

> 모든 기술과 탐구는 물론, 모든 행위와 선택이 추구하는 것은 어떤 좋음[선(善)]인 것으로 여겨진다. 따라서 좋음이야말로 당연히 모든 것이 추구하는 목표라고 주장하는 것은 옳다고 하겠다.

아리스토텔레스의 윤리학이든 정치 철학이든 그의 사상 전반을 규정짓고 있는 이 명제는 한 마디로 '목적론'이라 할 수 있다. 이 문장에서 '좋음[선(善)]'이란 목표 또는 목적으로 이해할 수 있다. 그에게 '목적(telos)'은 자연 전체, 즉 생물, 무생물, 물리적 영역까지 적용되는 개념이므로 인간은 물론, 자연의 모든 것이 어떤 목적에 따라 이끌린다는 것으로 이해할 수 있다.

그의 목적론에 관한 하나의 예를 들면, 배를 만드는 기술은 안전한 항해를 향해 있고, 전쟁 무기는 전쟁에서의 승리라는 목적을 향해 있으며, 또 식물은 동물을 향해, 동물은 인간의 쓰임을 향해 존재하는 것이라는 설명도 가능하다. 이처럼 그것이 무엇이든지 그것은 어떤 목적을 향해 있다는 그의 목적론을 인간의 행위와 삶 전체에 두루 적용하게 된다면, 어떤 행동의 목적을 작은 것에서 점점 더 큰 목적을 향해 나아가게 되는 그런 과정을 생각해 볼 수 있다. 그리하여 마침내 우리가 바라는 것, 우리가 추구하는 것의 최종 목적(끝)을 생각할 수 있게 되는데, 아리스토텔레스는 그것을 '최상의 좋음(선)', '모든 좋음들 중에서 최고의 것', 즉 '최고선'이라고 이름을 붙인 다음, 그것을 '행복'이라고 불렀다. 이에 따라 행복은 최고선이며, 오직 그 자체만을 위해 추구되며, 다른 목적을 위해서가 아니라 오직 그것만을 위해 추구되는 '궁극적 목적'이 된다. 좀 더 자세히 말하면, 행복이란 인간이 자신의 고유한 기능(능력)을 최선으로 발휘함으로써 '잘 살고, 잘 행하는 것'이다.

> 인간에게 행복이란 궁극적이고 자족적이며, 모든 행위의 목적이다. 행복이 무엇인지를 알려면 인간의 기능에 대해 알아야 하고, 인간만의 고유한 기능은 정신의 이성적 활동 능력이므로 인간으로서 기능을 훌륭하게 수행한다는 말은 바로 이성적 활동을 잘 수행한다는 뜻이며, 어떤 활동을 잘 수행한다는 것은 그것에 알맞은 덕에 따라 잘 수행하고 있다는 뜻이

다. 따라서 (인간의 좋음, 즉) 행복이란 덕과 일치하는 정신의 관조적 활동이라 할 수 있다.

아리스토텔레스의 윤리를 '행복주의 윤리'라 부르는 이유는 그가 행복을 다른 목적을 위해서가 아니라 그 자체 목적(즉 최고선)으로 여기며, 인간에게 본질적이고 고유한 이성(정신)의 관조적 활동으로 보았기 때문이다. 아리스토텔레스를 포함해 당시 그리스인들은 '탁월함(artē)', 즉 각자의 고유한 기능을 탁월하게 잘 수행하는 것을 '덕'이라 보았고, 인간에게 그것은 이성의 기능이라 생각했다. 따라서 소크라테스, 플라톤, 아리스토텔레스 모두 인간에게 덕은 이성과 관련된 것이고, 또한 그것은 행복과 분리될 수 없는 것이란 생각을 하고 있었다. 이성을 결핍한 삶이란 '좋은[선(善)] 삶'이 될 수 없고, 행복한 삶 또한 될 수 없는 것이다.

그런데 아리스토텔레스는 최고선으로서 행복은 이성의 지적인 측면의 덕('지성의 덕')만으로 마무리되는 것이 아니라, 욕구와 감정처럼 인간이 자연적으로 갖고 있는 속성과도 관련되어야 한다고 보았다. 그는 행복한 삶 또는 덕 있는 삶은 인간 삶 전체와 관련되어 추구되어야 한다고 보았으며, 이것을 "한 마리의 제비가 왔다고 해서 봄이 온 것은 아니듯이", 행복한 삶은 하루 또는 짧은 시간을 통해 성취되는 것이 아니며, '훌륭한 삶' 전체를 통해, 달리 말해 생애 전체에 걸친 좋은 또는 '중용'의 행동을 습관화함으로써 성취된다고 보았다.

중용이란 모든 행위나 감정에 중용이 존재하는 것은 아니지만, 적절한 때에 적절(right)한 것에 대해, 적절한 사람들에게, 적절한 목적을 갖고, 적절한 방식으로 분노, 동정심, 신뢰, 온화함 등과 같은 감정을 느끼는 것으로, 이것은 최선이고, 덕(德)의 특징이다.

아리스토텔레스는 좋은 행동의 습관화와 관련된 '중용의 덕'에 대해 그것은 감정과 행위와 관련되며, 지나침과 부족함이라는 양쪽 극단 사이의 적절한 중간이라고 주장한다. 그는 감정과 행위에서 지나침(과도함)이나 부족함(결핍)은 둘 다 실패 또는 악덕의 특징이라고 보았다. 즉 중용에는 지나침이나 부족이 없지만, 지나침과 부족함에는 중용이 없다는 뜻이다. 예를 들어 쾌락과 고통과 관련해 무감각과 방탕함은 양쪽 극단으로 악덕이지만, 그 적절한 중간으로서 중용은 절제라 할 수 있다. 또 두려움과 관련해 무모함과 비겁함은 양쪽 극단으로 악덕이지만, 그 적절한 중간으로서 중용은 용기라 할 수 있다. 또 비굴함과 우쭐댐의 중간으로서 긍지, 인색함과 낭비의 중간으로서 절약을 생각할 수 있다. 한편, 아리스토텔레스에 의하면, 이러한 '중용의 덕'은 인간의 품성과 관련된 '도덕적 덕'이라는 특성을 지닌다.

중용은 지나침(과잉)과 부족함(결핍)이라는 두 악덕 사이의 중간이며, 그것은 감정과 행위에서의 중간과 관련된다. 훌륭한(덕 있는) 사람이 되기 어려운 이유는 중간을 맞추기 어렵

기 때문이다. 그것은 마치 원의 중심을 찾는 일처럼 어려운 것
이다. 이 때문에 중용을 잘 찾는 일은 고상하고 칭찬받을 만한
것이다.

아리스토텔레스에 의하면, 중용이 모든 행위에 적용되는 것은 아니
다. 예를 들어 절도나 살인, 사기 등과 같은 행위들은 그 자체로서 나
쁜 것이므로 중용이란 없다. 또 품성의 덕으로서 중용의 덕은 앞에서
말한 것처럼 한 번 또는 몇 번의 좋은 행위를 했다고 해서 곧바로 형성
되는 것이 아니라 한 개인의 삶 전체를 통해서 그가 좋은[선(善)] 행위
를 습관화한 결과로 비로소 형성되기 때문에 실천 의지가 중요하다.
그뿐만 아니라 중용을 실천하기 위해서는 중용에 관한 지식, 즉 심사
숙고나 분별적 지혜에 해당하는 '실천적 지혜'가 전제되어야 하고, 이
러한 실천적 지혜의 안내를 받고 따르는 감정과 욕구의 기능이 중요하
다. 이렇게 볼 때, 아리스토텔레스의 윤리학에는 '주지주의'와 함께 실
천적 의지를 강조하는 '주의주의'적 요소가 있다는 점을 놓쳐서는 안
된다.

행복이란 덕을 따르는 활동이자, 최고의 덕을 따르는 것이며,
이는 관조적 활동이다. 덕을 따르는 활동에서 철학적 지혜는
가장 순수하고 가장 즐거운 쾌락을 제공해 주는 활동이다. 이
러한 이성의 활동은 관조적이며, 전 생애에 걸쳐 이루어져야
한다.

이처럼 아리스토텔레스는 최고선인 행복과 관련해서 최고의 순수성을 지닌 즐거운 활동은 '철학적 지혜'이며, 여기에 더하여 '실천적 지혜'의 안내에 따라 욕구와 감정이 올바른 방향으로 어떤 좋음을 추구하여 중용의 덕을 찾아 행함으로써 형성되는 '도덕적 덕(품성의 덕)'에 따르는 행위 또한 우리가 추구해야 할 행복이라고 강조했다.

제한된 분량으로 아리스토텔레스의 정치 철학은 다음 기회에 다루기로 하자. 정리하면, 아리스토텔레스의 사상의 토대는 목적론이며, 그에게 최고선으로서 본래적 가치를 지니는 것은 행복이다. 또 이성의 가장 순수한 관조 활동으로서 행복은 '철학적 지혜'에 있고, '실천적 지혜'의 인도를 받아 일생 전체에 걸친 좋은 행동의 습관화를 통해 형성되는 도덕적·품성적 덕(중용의 덕) 또한 행복이므로, 이를 갖추기 위한 실천 의지가 중요하다.

아리스토텔레스

- 모든 행위와 선택, 기술과 탐구는 어떤 좋음[선(善)]을 목적으로 함
- 최고선으로서 행복은 그 자체로 추구되는 궁극적 목적임
- 행복을 위해서는 지성의 덕[철학적 지혜, 실천적 지혜(심사숙고)]과 도덕적·품성적 덕(중용의 덕)이 중요함
- 중용은 지나침(과잉)과 부족함(결핍)이라는 두 악덕 사이의 중간으로 적절한 중간 지점을 찾는 것임

05

에피쿠로스
Epikuros

"쾌락은 행복한 삶의 시작이자 끝이며, 삶의 목표이자 목적이다"

일반적으로 알렉산드로스의 죽음(기원전 323) 전후, 즉 알렉산드로스에 의한 페르시아의 멸망(기원전 330)과 로마의 이집트 병합(기원전 30)까지의 약 300년의 시기를 헬레니즘 시대라고 부르며, 이 시기의 대표적인 사상으로 에피쿠로스학파와 스토아학파가 있다. 두 사상은 공통적으로 삶에서의 불안과 그 원인을 찾고, 마음의 평온함과 절제하는 삶을 처방전으로 제시했다.

에피쿠로스(기원전 341?~기원전 270?)는 그리스 동부 에게해에 있는 사모스섬에서 태어났고, 그의 아버지는 이미 아테네의 시민권을 갖고 있었다. 에피쿠로스는 아버지를 따라 아테네로 건너와 시민으로서 2년 동안의 병역 의무를 마쳤다. 이후 여러 지역을 돌아다닌 다음, 아테네에 정착하여 이른바 '정원 학교(에피쿠로스의 정원)'를 세웠는데, 이를 '에피쿠로스학파'라 부르게 되었다. 그런데 이 정원 학교는 우리가 흔히 생각하는 학교처럼 정규 교육과정을 갖추고 책을 읽고 학생으로서 공부하는 것이 아니라, 에피쿠로스의 가르침과 삶의 방식을 따르기로 한 남녀들의 '우정 공동체'의 성격이 강했던 것으로 보인다. 스토아학파의 세네카(기원전 4?~서기 65)는 이 정원 학교의 특성을 "언제나 에피쿠로스가 지켜보고 있는 것처럼 행동하라."라는 문장으로 요약했는데, 이것은 에피쿠로스학파의 성격을 잘 드러내고 있다. 왜냐하면 정원 학교가 에피쿠로스의 가르침과 규율을 따르는 소수의 사람들이 그곳에서 친밀한 우정을 나누며, 절제와 조용한 삶을 실천한 것으로 알려져 있기 때문이다. 그는 한결같이 마음의 평온과 평정을 위해 조용하고 '고요하게 살아라.'라고 가르쳤다.

에피쿠로스의 사상을 말할 때, 먼저 언급되는 것은 그가 원자적 유물론자였다는 점, 그리고 우리에게 더 익숙하게 잘 알려진 것은 그가 쾌락주의자였다는 점이다. 이제 원자론적 관점에 기초해 신, 영혼, 죽음에 대한 그의 생각을 서로 묶어서 간략히 살펴보자.

> 영혼은 몸이라는 물체(합성물) 전체에 퍼져 있는 미세한 입자(원자)로 이루어진 물체이며, 다른 입자들보다 훨씬 더 미

세해 몸의 나머지 구조와 더 잘 어우러지는데, 이는 우리가 죽을 때 감각, 사고, 운동 능력을 상실하는 것으로 증명된다. 즉 죽을 때 영혼을 잃는다는 것으로 알 수 있다. 영혼이 몸을 떠나게 되면 감각은 더 이상 존재하지 않게 되며, 영혼이 몸에 있는 한 감각은 상실되지 않는다.

에피쿠로스는 "우주란 물체와 허공"이라고 했는데, 이때 물체란 원자들의 합성물이라는 뜻이고, 허공이란 비어 있는 공간이라는 뜻이다. 따라서 존재하는 모든 것들은 물질과 공간을 본성으로 하여 존재하게 된다. 또 에피쿠로스에 의하면, 가장 부드럽고 가장 미세한 원자들로 이루어진 영혼(이성, 정신)은 몸과 결합하여 감각과 사고, 운동 능력으로 구체화되기 때문에 영혼이 몸에 있는 한 인간의 감각 및 사고 활동은 유지된다.

그런데 그의 생각처럼, 영혼이 육체로부터 떠나게 되면 더 이상의 운동 능력을 상실하게 되는데, 이것이 곧 죽음이다. 따라서 죽음이 왔을 때 우리에게는 감각과 사고 능력이 존재하지 않게 되므로 신 또는 죽음 이후의 세계(내세)에 대해서도 더 이상 말할 필요가 없게 된다. 또 신에 대해 말할 필요가 없다면, 신의 심판이나 신을 두려워할 필요도 없게 된다. 이 때문에 에피쿠로스는 "신들은 자기들 나름대로 행복한 삶을 살며, 인간사에 관심을 두는 골치 아픈 일을 결코 하지 않는다고 가르쳤다. 이 때문에 주어진 운명이나 신의 섭리를 믿는 것은 미신이며, 종교적 제례는 시간 낭비일 뿐"이라고 주장했다.

죽음은 우리에게 아무것도 아니다. 왜냐하면 분해된 것은 감각이 없기 때문이다. 감각이 없는 것은 우리에게 아무것도 아니다. 또한 축복받은 불멸의 존재, 즉 신은 본성상 어떠한 고통도 모르므로 다른 것들에게 고통을 줄 수도 없다. 분노나 호의는 단지 약한 것들에게만 존재할 뿐이다.

에피쿠로스는 죽음이란 원자들의 결합으로 구성된 합성물(물체)인 인간이 감각과 지각 능력을 상실하게 되는 것일 뿐이므로 죽음은 우리가 흔히 말하는 것처럼 '최고악'도 아니고, 두려움의 대상이 될 수도 없다고 본다. 나아가 만약 죽음을 가장 나쁘고 두려운 것이라고 말하는 사람이 있다면, 그것은 '헛소리'일 뿐이라고 주장한다. 죽음이 왔을 때 우리는 이미 존재하지 않는 것이므로 '죽음'과 '존재'가 동시에 있을 수는 없다는 뜻이다. 에피쿠로스는 이처럼 인간에 대한 근본 이해, 그리고 이에 기초해 삶과 죽음을 올바로 깨닫고 실천하는 현자(지혜로운 사람)라면, 자기 삶으로부터 도피하려 하지도 않고, 자기 삶이 중단되는 것을 두려워하지도 않으며, 오히려 살아 있는 동안 가장 '즐거운 삶'을 누리려고 애쓸 것이라 보았다.

이제 그가 말하는 즐거운 삶, 즉 쾌락에 관한 주제로 옮겨가 보자.

어떠한 쾌락도 그 자체로서는 나쁘지 않다. 많은 경우 쾌락을 위한 수단이 쾌락보다는 고통을 가져다준다. 사려 깊고, 아름답고, 정직하게 살지 않고서 즐겁게 살 수는 없다. 또 즐겁게

살지 않으면서 사려 깊고 정직하고 아름답게 살 수도 없다. 모
든 고통스러운 것들의 제거가 쾌락 크기의 한계이다. 쾌락은
행복한 삶의 시작이자 끝이며, 삶의 목표이자 목적이다. 그것
은 몸에 고통이 없고, 마음에 괴로움이 없는 것을 말한다.

에피쿠로스를 쾌락주의자라고 할 때, 가장 일반적인 오해는 그가 어
떠한 쾌락이든 쓸모 있고, 즐거운(행복한) 삶을 위해 필수적이라고 주
장했으리라는 것이다. 실제로 에피쿠로스를 쾌락에 탐닉한 난봉꾼이
라는 비난이 있지만, 오늘날 이것은 주로 스토아주의자들로부터 나온
근거 없는 헛소리로 받아들여지고 있다. 왜냐하면 그는 일관되게 온건
한 금욕과 절제 있고, 평온한 삶을 가르쳤기 때문이다. 에피쿠로스에
대한 이러한 부당한 비판은 거꾸로 에피쿠로스학파의 영향력과도 관
련된 것이라는 평가가 더 설득력이 있다. 에피쿠로스학파의 가르침은
헬레니즘 시기에 지중해 전역, 그리고 프랑스 북부와 이탈리아 전역에
서까지 유행했기 때문이다. 이런 이유로 에피쿠로스학파는 스토아학
파와 크리스트교의 비난과 견제를 강하게 받았던 것으로 알려져 있다.

에피쿠로스 자신이 스스로 밝히고 있듯이 자신이 주장하는 쾌락은
방탕하고 호화스럽고 사치스러운 자들이 추구하는 쾌락이 아니며, 몸
에 고통이 없으면서 또한 마음에도 괴로움(근심)이 없는, 즉 고통의
부재로서 쾌락이며, 그것은 '사려 깊음'에서 시작하기 때문에 사려 깊
음은 '가장 큰 선(善)'이라고 강조했다. 즉 사려 깊음의 덕(德)이란 본

성적으로 쾌락이 있는 삶과 연결되어 있고, 그렇기 때문에 쾌락이 있는 삶은 덕과 분리될 수 없다는 것이다. 또 이러한 쾌락은 우리가 자연적이면서 동시에 필수적인 욕구만을 충족하는 삶을 살아갈 때, 즉 자연적인 것에 대한 이해와 절제 있고, 소박한 삶을 실천해 나갈 때 가능하다고 보았다.

정리하면, 에피쿠로스의 사상은 원자론적 유물론에 기초하여 신의 섭리나 운명적 삶을 부정하였으며, 쾌락이 있는 삶을 곧 행복한 삶과 동일시하는 쾌락주의적 관점으로 일관하고 있다. 또 작은 공동체에서 자연적이면서 필수적인 욕구의 충족만으로 최선의 쾌락과 행복이 실현될 수 있다고 봄으로써 검소하고 소박한 삶을 강조했음을, 그리고 몸의 고통과 마음의 불안이 모두 소멸되는 평정심(ataraxia)이 곧 행복임을 일깨움으로써 그가 강조하는 쾌락이 개인적이며 소극적이라는 특성을 추론할 수 있는데, 이러한 특성은 그 당시의 시대적 배경이었던 헬레니즘과 긴밀한 관련성이 있는 것으로 보인다.

에피쿠로스

- 원자론적 유물론
- 신은 존재하나 인간의 삶에 관심이 없으므로 인간을 심판하지도 않음
- 쾌락은 축복받은 삶의 시작이자 끝임
- 쾌락이 있는 삶과 행복한 삶은 같으며, 절제와 평온한 마음이 중요함
- 작은 '우정 공동체'에서 자연적이며 필수적인 욕구 충족이 중요함

06

아우렐리우스
Aurelius

에픽테토스
Epictetos

◆ 스토아학파

아우렐리우스 / 에픽테토스

"우연조차도 자연이 미리 정해놓은 것으로, 모든 것은 섭리에 따라 다스려진다" 아우렐리우스

"그대는 단지 작가의 의도대로 연극 속에 등장하는 배우에 지나지 않는다는 것을 명심해야 한다" 에픽테토스

　마르쿠스 아우렐리우스(121~180)는 로마 황제의 친자식은 아니었지만 로마 공화정 시기 최고 관직인 집정관을 세 번이나 배출한 명문가의 후손이다. 자신의 후계자를 찾던 황제(하드리아누스)의 마음을 사로잡은 어린 아우렐리우스는 스토아적 지혜와 절제를 갖추고 있었으며, 그 덕에 황제로부터 최고의 사교육을 받게 되는 기회를 얻는다. 그를 가르친 교사가 17명에 이를 정도였다고 하는 것으로 보아 황제가 일찍이 그를 후계자로 정해놓았음을 짐작할 수 있다. 하지만 아직 어

린아이였던 아우렐리우스를 곧바로 황제에 오르게 할 수 없었던 황제는 자신의 자리를 안토니우스(52세)에게 물려주는 조건으로 아우렐리우스를 양자로 삼도록 한다. 그런데 안토니우스는 아우렐리우스가 너무나 마음에 들어 자신의 딸과 결혼하게 했는데, 어찌 되었든 아우렐리우스는 전 황제의 바람대로 마침내 황제에 오르게 된다.

아무튼 평화로운 번성기를 누렸던 시기를 지나고 로마가 불평등과 착취 등으로 쇠퇴의 길로 들어서던 시기에 로마를 통치하게 된 아우렐리우스는 우리에게 황제이면서 또한 스토아철학을 대표하는 사상가 중 한 사람으로 알려져 있다.

스토아철학을 이해하려면 먼저 스토아철학의 출발점이 되는 로고스(logos, 사물의 존재를 규정하는 보편 법칙으로 모든 존재가 따라야 할 것)에 대한 이해가 필요하다. 스토아철학에서는 이 세계(우주)를 '이성적인 것'으로 보며, 이때 이성적인 것이란 '신'이자 '자연'이며, '영혼'이다. 따라서 스토아학파의 철학자들에게 이 세계란 신적인 보편적(우주적) 이성인 '로고스'의 세계이며, 그것은 또한 자연이기도 하다. 그렇기 때문에 인간을 포함한 세계 안의 모든 존재(자연)에는 로고스가 깃들어 있으며, 이는 곧 자연의 질서(법칙)와 같은 의미로 이해된다. 이러한 관점 때문에 스토아철학은 흔히 '범신론적(자연과 신의 대립을 인정하지 않고, 일체의 자연이 곧 신이며 신은 곧 일체의 자연이라고 생각하는 철학적 관점)'이라는 평가를 받는다. 아우렐리우스는 자신의『명상록』에서 로고스에 의한 이러한 섭리(원리)를 다음과 같이 구체적으로 표현하고 있다.

우주는 섭리(攝理, 자연계를 지배하고 있는 원리와 법칙)로 가득 차 있다. 우연조차도 자연이 미리 정해놓은 것으로, 모든 것은 섭리에 따라 다스려진다. 만물은 자연의 섭리에서 비롯된 필연적인 것으로 이 필연성은 우주 전체에 유익하다. 또 우주는 변화함으로써 유지되므로 이러한 변화의 원리를 기꺼이 받아들이고 따라야 한다. 불평 없이 즐거운 마음으로, 신들에게 진심으로 감사하며 죽음을 맞이해야 한다.

이처럼 아우렐리우스는 우리가 살아가면서 항상 마음에 새겨야 할 것이 있는데, 그것은 우주의 본성과 나의 본성이 다르지 않으며, 나 자신은 우주, 즉 자연의 일부이므로 언제나 자연의 이치(섭리)에 따라 살아가야 한다는 것이다. 따라서 그는 이성의 명령에 어긋나는 변덕스러운 모든 생각이나 격정(pathos), 자만심, 운명에 대한 불만을 떨쳐야만 마음의 평온함과 행복을 유지할 수 있다고 주장했다. 아우렐리우스는 자기에게 지금 닥친 일로 괴로워하는 것은 자연의 섭리에 어긋나는 행동이며, 이것은 마치 우주에 생긴 악성 종양과 같은 것이라고 말했다. 또 자신이 누군가에게 화를 내는 행동이나 자신이 쾌락이나 고통에 굴복하는 것, 자기 말이나 행동이 진지하지 못하고 분별없는 것, 이런 것들은 자연(우주)의 일부분인 자기 영혼에 생긴 악성 종양에 비유될 수 있다는 것이다. 악성 종양을 제거함으로써 건강을 회복할 수 있는데, 아우렐리우스는 우리가 가진 이성을 통해 이와 같은 악성 종양인 격정(激情, 격렬하여 억누르기 어려운 감정)을 지배하고 억제해야 한다고 보았다. 스토아철학이 금욕주의적 성격이 강하다는 말은 이러한 주장에 기초하고 있다.

결론적으로 그에 따르면, 인간의 목적과 의무는 우주의 이성과 법(법칙)을 따르는 것이다. 왜냐하면 로고스, 즉 자연의 섭리를 따르는 일(행동)에 악이란 있을 수 없기 때문이다. 그러므로 우리는 언제나 칼날 같은 이성으로 자신의 삶을 관조하며, 자연스럽고 필연적인 자연적 질서를 따라야 한다. 이를 달리 말하면, "운명, 즉 신이 너 자신의 몫으로 정해놓은 환경(상황)에 순응해야 한다."라는 것이다.

이는 황제인 아우렐리우스에게 깊은 영향을 주었고, 한때 노예 신분이었던 또 다른 스토아학파의 사상가로 에픽테토스(55?~135?)가 있다. 지어낸 이야기로 보이지만, 스토아철학과 에픽테토스의 사상을 잘 드러내는 대표적인 이야기 하나를 보자. 하루는 주인이 화가 나서 그의 팔을 비틀자 에픽테토스는 초연(超然, 현실 상황에 얽매이지 않고 벗어나 있음)하게 "주인님, 그렇게 계속 비틀면 제 팔이 부러집니다."라고 말했다고 한다. 이에 더욱 화가 난 주인이 그의 팔을 비틀어 팔을 부러뜨리자 여전히 평온함을 유지한 채, "보세요. 부러질 것이라 했잖습니까?"라고 말했다는 것이다. 아무튼 우리는 이 이야기로부터 스토아철학에서 강조하는 고통이나 정념(충동)으로부터 초연한 부동심(apatheia)의 본보기를 발견할 수 있다. 즉 자신에게 일어나는 모든 일을 이성적이고 평온한 마음으로 받아들이며, 이러한 마음을 혼란케 하는 격정(파토스)으로부터 초연해야 한다는 것이다.

그는 우리의 능력 안에 있는 것과 우리 능력 안에 있지 않은 것을 구분할 줄 알아야 하고, 우리의 능력 안에 있는 것들, 즉 사건들에 대한 우리의 태도나 생각, 반응 등은 우리가 조절할 수 있으므로 이성에 따라 섭리에 알맞도록 조절하면 되지만, 육체나 재산, 질병처럼 우리의 능력 바깥에 있는 것들에 대해서는 자연의 질서(운명)를 따라야 한다고 주장한다. 쉽게 말해, "일이나 사건이 네가 바라는 대로 일어나기를 바라지 말고, 그것이 일어나는 그대로 그것에 너 자신을 맞추어야 한다."라는 것이다. 그의 이런 가르침은 자신의 저서인 『엥케이리디온』에서 일관성 있게 잘 드러나고 있다.

> 그대는 단지 작가의 의도대로 연극 속에 등장하는 배우에 지나지 않는다는 것을 명심해야 한다. 작가가 단막극을 쓰면 짧은 삶을 살 수밖에 없고, 장막극을 쓴다면 더 오래 사는 것뿐이다. 가난뱅이 역할을 맡으라면 기꺼이 그 역할을 잘하려고 노력하면 된다. 그대는 단지 주어진 배역에 충실하면 될 뿐이다. 배역을 정하는 것은 작가의 몫이다. 세상의 모든 일들을 일어나는 그대로 받아들여야 한다.

에픽테토스처럼 아우렐리우스도 이와 비슷한 말을 남겼는데, 그는 "연극을 언제 끝낼지를 결정하는 것은 나를 생겨나게 하고, 나를 소멸시키는 자연이다. 어떠한 것도 내가 결정할 수 있는 것은 없으므로 때가 되면 만족할 줄 알고 물러나야 하고, 그러면 나를 물러나게 하신

자연도 만족스러운 미소를 지을 것이다."라고 했다. 이처럼 스토아학파의 철학자들은 지금 우리가 맡고 있는 배역(역할)은 모두 자연과 로고스에 따른 필연적 결과이므로 이성에 따라 자신의 역할에 충실히 따르는 것이 가장 자연스러운 모습이라고 가르치고 있는데, 이로부터 우리는 스토아철학에 나타난 '운명애(주어진 운명을 긍정하고 받아들이며 사랑함)'를 발견할 수 있다.

한편, 스토아철학에는 오늘날 우리가 강조하고 있는 세계 시민주의적 요소도 발견되는데, 이와 관련해 아우렐리우스는 의미 있는 말을 남기고 있다. 신분의 구애를 받지 않는 스토아철학의 평등주의적 이상은 노예 출신의 에픽테토스, 그리고 황제인 아우렐리우스가 모두 스토아철학을 대표하는 인물들이라는 점에서도 잘 드러나고 있다.

잘못을 저지를 사람 또한 우리와 똑같은 사람(동류)이다. 내가 그와 같은 혈통을 가졌기 때문이 아니라 내가 그와 이성, 그리고 신적인 본성의 일부를 가졌기 때문에 그렇다. 그러므로 나는 나의 동류에 대해 화내지도 않으며, 미워하지도 않는다. 우리는 손처럼, 발처럼, 눈꺼풀처럼, 그리고 윗니 아랫니처럼 서로 협력하게끔 되어 있다. 서로를 적대시하는 것은 자연의 이치에 어긋나는 행동이다.

스토아철학의 이와 같은 이상은 이후 전개되는 자연법사상과 이성

적 삶을 강조했던 칸트의 의무론 윤리, 그리고 정념의 예속에서 자유
로운 삶을 추구했던 스피노자의 사상에 영향을 주었다.

◆ 스토아학파 :

아우렐리우스, 에픽테토스

- 이성에 따르는 행동이란 곧 자연에 따르는 행동임

- 인간은 모두 동류(同類)로서 동일한 이성을 지님

- 우주 만물은 서로 유기적으로 연결되어 있으며 따로 떨어져 존재하는 것
  이란 없음

- 모든 것은 미리 정해진 법칙에 의해 서로 결합되어 있음

- 운명이 정해놓은 자신의 환경에 순응할 것

- 죽음 또한 자연의 필연적 과정이므로 두려워 말고 순응할 것

- 범신론과 자연법, 세계 시민주의

07

아우구스티누스
A. Augustinus

**"모든 존재는 하나의 선이므로 타락하지 않으면 '큰 선'이고,
타락하면 '작은 선'이다"**

　농장과 관직을 가졌던 중산층의 아들로 태어난 아우구스티누스
(354~430)는 혈기가 넘치던 10대 후반에 노예 출신인 여인과 동거하
며 남자아이를 두었고, 또 마니교(마니가 3세기 초 조로아스터교, 크
리스트교, 불교, 바빌로니아의 원시 신앙을 결합해 만든 종교로 '광명
=선', '암흑=악'이라는 이원설을 내세웠고, 선한 신과 악한 신이 세상
을 지배한다고 주장하며 현실 세계를 선악이 싸우는 곳으로 봄)에 깊
이 빠져 있었다. 그런데 순수하고 선한 영혼을 따라야 한다는 마니교
의 분명한 삶의 지침에도 불구하고, '악한 신'이 정말로 존재한다면,
악한 행동을 한 사람에게 어떻게 책임을 물을 수 있는가에 대한 의문

은 여전히 풀리지 않았다. 그러던 중 아버지의 죽음과 독실한 크리스트교도였던 어머니의 도움으로 아우구스티누스는 크리스트교로 개종하여 청빈한 크리스트교의 신앙인으로서 삶을 실천했으며, 현실의 '악'에 대한 의문도 성서를 연구함으로써 크리스트교의 관점에서 다음과 같이 해결한다.

즉 신의 영원한 빛의 조명을 통해 우리는 절대적으로 선한 존재인 신의 뜻을 인식할 수 있고, 우리의 정신이 신의 이러한 뜻을 깨닫는 한, 신의 영원한 빛은 우리에게 언제나 현존한다는 것이다. 달리 말해 신은 우리 안에 실존하는 인격적 존재이므로, 우리가 이런 사실을 깨닫고 신을 참되게 신앙한다면 영원한 진리인 신의 은총 또한 확인할 수 있다는 논리이다.

다음으로 아우구스티누스는 신이 영원하고 참되며, 절대적으로 선한 존재라는 믿음에 기초해 악의 문제를 해결하기 위한 단계로 나아간다. 즉 절대적으로 선한 존재인 신이 현실에 존재하는 악을 창조했다는 것은 모순이 되므로 악의 기원은 신이 아니라 현실의 인간에게서 찾아야 한다는 것이다. 결론부터 말한다면, 그는 악이란 하나의 실체가 아니라 단지 선의 결핍일 뿐이라고 보았다.

> 악은 신이 창조한 것이 아니며, 어떤 것의 결핍이다. 악은 무질서와 비슷한 것이고, 악은 질서의 부재이므로 실체로서 존재할 수 없다. 예를 들어 깨끗한 방이 무질서하게 어지럽혀졌다면, 그것은 실체로서 무질서가 깨끗한 방으로 들어왔다는

뜻이 아니라 단지 깨끗했던 질서가 (무언가에 의해) 흐트러 졌다는 것을 말할 뿐이다. 따라서 악은 신의 창조물이 아니라 신이 창조한 질서가 (무언가에 의해) 혼란해졌다는 것일 뿐이다.

아우구스티누스에 의하면, 악은 신의 창조물이 될 수 없다. 왜냐하면 절대적으로 선한 존재인 신은 자신의 섭리(의지)에 따라 이 세계를 위계질서에 따라 선하게 창조했기 때문이다. 그렇다면 악은 어떻게 받아들여야 하는가? 이에 대해 아우구스티누스는 신은 인간에게 이성과 자유의지를 주었지만, 중간적 존재인 인간이 신의 뜻을 섬기기보다 자신의 욕망을 섬기기 위해 자유의지를 남용함으로써 타락하게 되었고, 이런 행동이 신이 창조한 아름다운 질서를 깨뜨리게 되었으며, 이것이 곧 악이 기원이라고 주장한다. 즉 악이란 인간이 자신의 자유의지를 남용한 결과이며, 선의 결핍이라는 주장이다.

아우구스티누스에게 악이란 '선이 없는 상태'가 아니라 '선이 결핍된 상태'이거나 마땅히 있어야 할 선이 '빼앗겨진(박탈된)' 상태이다. 신은 이 세계의 모든 인간과 나머지 모든 피조물을 선하게 창조했을 뿐이다. 따라서 선은 악 없이 존재할 수 있지만, 악은 선 없이는 존재할 수 없다.

이 세상의 모든 것은 선하다. 왜냐하면 그것들은 하나의 전체로서 조화와 질서이고 아름다움이며, (신의 의지의 표현이기 때문이다. 이 점에서) 모든 존재는 하나의 선이다. 그것이 타락하지 않으면 '큰 선'이고, 타락하면 '작은 선'이다. 선한 것을 떠나서 악은 존재할 수 없다.

이처럼 아우구스티누스는 악이란 인간이 신의 계획을 따르도록 창조되었지만, 자신에게 주어진 자유의지를 신이 아니라 자신의 욕망을 위해 행사함으로써 발생하게 된 것('원죄설'처럼)이라고 보았다. 따라서 악은 신과 무관하다는 논리이다. 그렇기 때문에 우리가 신의 뜻에 따라 신앙으로써 선을 회복한다면, 악은 자연스럽게 사라지게 된다는 것 또한 그의 논리이다. 그에 따르면, "원래 튼튼했던 팔이 상처를 입었지만, 다시 건강한 상태로 회복된다면, 그 상처(즉 악의 상태)는 사라지게 된다."라는 것이다. 이 점에서 우리는 매일매일 신앙의 치료를 통해 거듭나야만 한다.

한편, 그는 인간이 자신의 욕망을 위해 자유의지를 행사함으로써 '지상의 나라'가 등장하는 반면, 신앙을 가지고 신을 향해 행사하면 '신의 나라'가 형성된다고 주장했다. 또 지상의 나라는 '자기애'에 기초하기 때문에 인간 자신을 자랑스러워하지만, 신의 나라에서는 신을 자랑스럽게 여긴다고도 했다.

지상의 나라에서는 자신을 사랑하고, 심지어 신을 경멸하지만, 신의 나라에서는 신을 사랑하고, 심지어 자신까지 경멸한다. 전자는 자신을 찬양하고, 인간에게서 영광을 찾지만, 후자는 신을 찬양하며, 신으로부터 위대한 영광을 찾는다. 전자는 멸망하도록 운명지어져 있고, 후자는 최고선인 영원한 신이 다스리도록 결정되어 있다.

아우구스티누스의 이와 같은 말을 통해 신의 피조물인 우리가 어떤 행위를 해야 하는지가 더욱 분명해진다. 그것은 최고선인 신과의 합일을 추구하는 신에 대한 사랑, 즉 신앙(종교적 덕)을 참되게 실천하는 삶이다. 이와 관련해 아우구스티누스는 "신앙은 보이지 않는 것을 믿게 해 주며, 신앙의 대가는 믿는 것을 보게 해 준다."라고 역설했다.

> (신앙, 즉 신에 대한 사랑으로서 사덕에 대해 말하자면,) 절제란 자신을 완전히 신에게 바치는 사랑이며, 용기란 신을 위해 모든 고통을 참아내는 사랑이며, 지혜란 신을 향하는 데 필요한 것이 무엇인지를 분별할 줄 아는 사랑이고, 정의란 오직 신에게만 헌신하는 사랑이다.

이처럼 아우구스티누스는 우리가 최고선인 신에 대한 사랑의 덕을 실천하게 되면, 궁극적으로 신의 은총에 의해 내세에서 영원한 생명과 진리를 얻을 수 있다고 보았으며, 그곳에서 참된 행복이 가능하다고 보았다.

그런데 우리는 아우구스티누스가 구분 지었던 신의 나라와 지상의 나라라는 이원적 세계관, 그리고 위에 제시된 사덕(지혜, 용기, 절제, 정의)을 통해 고대 플라톤과의 관계를 떠올릴 수 있다. 실제로 아우구스티누스는 자신의 신학 이론을 정립하는 과정에서 플라톤의 주장 중 유익한 것은 무엇이든 가져와 활용한 것으로 알려져 있다. 그의 사상은 플라톤의 주요 주장을 크리스트교의 관점에서 수용하면서도 이성의 한계를 밝히고, 신과 신앙(종교적 덕: 믿음, 소망, 사랑)을 중심으로 하는 신학 체계의 확립에 기여했다(교부철학, 그리스도교의 교리를 그리스 철학에 기초하여 합리적으로 설명하려 한 철학)는 점에서 매우 중요한 의미를 지닌다고 할 수 있다.

아우구스티누스

- 인간의 이성은 신의 조명에 의해 선한 존재인 신을 인식할 수 있음
- 플라톤의 이데아계와 현상계를 신의 나라와 지상의 나라로 재구성함
- 신을 이성적 인식을 넘어 실존하는 인격적 존재로 봄
- 원죄로부터 구원과 참된 행복은 신의 은총을 통해서만 가능함
- 플라톤의 사덕을 신에 대한 사랑의 표현으로 재구성함
- 악이란 실체가 아니라 인간의 자유의지 남용에 의한 선의 결여 상태임

통합사회와 윤리 교과서의 사상가들

토마스 아퀴나스
T. Aquinas

"자연법이란 이성적 피조물인 인간이 신의 영원법에 참여하는 것이다"

토마스 아퀴나스(1225?~1274)는 이탈리아 로마와 나폴리의 중간 정도에 위치한 아퀴노라는 지역의 근교에서 태어났기 때문에 붙여진 이름이다. 즉 '아퀴노의 토마스'를 가리킨다. 아퀴나스는 15세에 나폴리 대학으로 유학을 떠나는데, 그곳에서 논리학과 아리스토텔레스의 철학을 공부하는 한편, 도미니크 수도회(1215년 도미니크가 세운 탁발수도회로 정통 신앙을 옹호하고, 신학의 학문적 중요성과 청빈 생활을 강조함)에 대해서도 알게 되고, 마침내 도미니크 수도회에 입단한다. 하지만 가문의 명예와 권력을 중시했던 그의 가족은 가난하거나 몰락한 가문의 사람들이 들어가는 도미니크 수도원의 입회를 탐탁하게 여기지 않았고, 이 때문에 아퀴나스를 납치해 1년 정도를 감금한다. 이후 풀려난 아퀴나스는 프랑스 파리대학으로 가서 인생의 결정적 전환점이 되는 스승, 즉 당시 아리스토텔레스에 대해 가장 정통했던 알베르투스 마그누스(1193?~ 1280)를 만난다. 알베르투스는 아리스토텔레스의 사상을 모두 라틴어로 번역하고 싶어 하는 지적 욕구로 충만해 있었으며, 아퀴나스는 자연스럽게 그런 영향을 받게 된다. 이후 그는 신학의 거의 모든 문제를 다룬 『신학대전』을 저술하는 한편, 아리스토텔레스의 작품들에 대해 해설을 더한 글들을 발표한다.

교부철학을 대표하는 인물이 아우구스티누스라면, 중기 스콜라철학을 대표하는 인물은 아퀴나스이다. 스콜라철학이라는 이름은 중세 수도원 학교의 교사나 학생을 가리키던 라틴어 '스콜라티쿠스(scholasticus)'에서 유래했는데, 이는 중세 철학이 수도원 학교를 중심으로 전개되었기 때문이다. 수도원의 이런 특성 덕분에 아리스토텔레스의 철학과 논리학은 신학의 도구로서 적절한 효용 가치를 지니게 된다. 즉 아리스토텔레스의 목적론적 관점은 최고선으로서 신의 존재를 증명하는 데 유용했을 뿐만 아니라 그의 논리학 또한 신의 존재를 이성적으로 논증하는 데 매우 쓸모가 있었다. 아퀴나스는 아리스토텔레스의 관점을 수용하여 신이 존재한다는 점을 다음과 같이 증명한다.

인식 능력이 없는 자연의 사물들은 어떤 목적을 향해 운동한다(움직인다). 우리는 이것을 자연적 사물들이 자신들에게 가장 좋은 것을 향해 운동한다는 것을 통해 확인할 수 있다. 그런데 이런 자연적 사물들은 인식 능력을 지닌 어떤 존재의 지휘(목적을 효과적으로 이루기 위하여 행동을 다스림)를 받지 않는다면 목적을 지향할 수 없다. 따라서 모든 자연의 사물들이 목적을 지향하게 해 주는 어떤 지성적 존재가 있어야만 한다. 우리는 이런 존재를 신이라고 부른다.

이처럼 아퀴나스는 아리스토텔레스의 목적론적 관점에 기초해 신이 존재한다는 것을 논리적으로 입증하고자 했다. 또 다른 예를 들면, 이 세상의 어떠한 존재도 스스로 존재할 수 없다. 즉 어떤 것이 존재하기 위해서는 반드시 그것을 존재하게 하는 어떤 원인이 존재해야만 한다. 결국 존재하는 모든 것들을 존재하게 하는 최초의 원인이 있어야만 하는데, 그것은 신일 수밖에 없다. 그러므로 신은 존재한다는 것이다.

아퀴나스의 이런 시도를 통해 우리는 '신앙과 이성'이 서로 대립하기보다 조화로운 관계를 형성할 수 있고, 나아가 이성(철학)이 신앙(신학)을 위해 유용하게 쓰일 도구가 될 수 있음을 발견할 수 있다("철학은 신학의 시녀"). 신학을 위한 철학의 유용성에 대해 아퀴나스는 이렇게 말한다.

신학은 철학으로부터 도움을 받을 수 있는데, 그것은 신학이

전달하려는 것을 철학이 한층 분명하게 드러내 보여줄 수 있기 때문이다. 또 철학은 신학이 전제 또는 기초로 삼는 진리들을 증명하고자 할 때도 유익하다. 그뿐만 아니라 신학의 진리를 설명하기 위한 적절한 비유를 찾을 때, 그리고 신앙에 대한 공격을 물리치려고 할 때 철학은 유익한 도움을 줄 수 있다.

이처럼 아퀴나스에게 철학은 신 존재의 증명, 그리고 신학을 위한 유익한 도구라는 장점을 지니고 있었다.

우리가 아퀴나스의 주장과 관련해 주목해야 할 다음 주제는 '자연법'에 관한 내용이다. 그의 자연법 체계는 '신의 영원법-자연법-실정법'이라는 위계 구조에 기초를 두고 있다. 영원법이 신의 예지(叡智, 사물의 이치를 꿰뚫어 보는 지혜와 이상적인 인식 능력)와 의지로 정립된 영원불변하는 질서와 법칙이라면, 자연법은 신의 예지인 영원법을 인간의 이성을 통해 인식하는 것, 즉 신의 영원법에 참여하는 것이다. 달리 말해, 신의 영원한 질서와 법칙은 신의 피조물들인 인간을 포함한 모든 사물들 속에 자연적 성향으로 반영되어 있으므로, 이것을 이성을 통해 인식하며, 또한 인식한 것을 우리가 따라야 할 의무로 받아들이고 그에 따른 삶을 실천해야 한다는 것이다.

따라서 인간에게 신의 의지가 반영된 자연적 성향은 '보편적 도덕법칙', 즉 언제나 어디에서든 옳기 때문에 행하지 않으면 안 되는 의무가된다. 왜냐하면 그것은 신의 영원한 의지가 반영된 결과이기 때문이다. 이에 근거해 아퀴나스는 자연법의 제1원리를 "선은 행하고, 악은 피하라."로 제시하는데, 이는 절대적 존재인 신이 창조한 자연 세계에 본질적으로 악이란 존재할 수 없다는 논리가 스며있다. 이어서 그는 우리가 마땅히 따라야 할 자연법의 내용들에 대해 제시하는데, 구체적으로 자기 생명을 보존하려는 자연적 성향, 종족을 보존하려는 자연적 성향, 신의 지혜를 알려고 하는 자연적 성향, 사회적 삶을 살려고 하는 자연적 성향들이다.

> 인간은 다른 모든 존재들과 공유하고 있는 성향, 즉 자신의 존재를 유지하고자 하는 자연적 성향, 또 동물들과 공유하고 있는 자연적 성향을 갖고 있다. 그런데 인간에게만 고유한 자연적 성향이 있는데, 그것은 이성이라는 자연적 본성을 따르는 것으로, 이것과 관련된 것에 신에 관한 진리를 인식하고자 하는 자연적 성향, 그리고 사회 공동체에서의 삶에 관한 자연적 성향이다. 이성적 피조물(존재)인 인간이 영원법에 참여하는 것, 이것이 바로 자연법이다.

아퀴나스에 의하면, 인간을 포함한 자연의 모든 존재는 신의 영원법에 종속되어 있으며, 인간은 신이 부여한 이성을 통해 특별한 방식으로 이 영원법에 참여하게(따르게) 되는데, 이것이 자연법이다. 또 인간과 동물이 신의 피조물인 한, 자기 보존과 종족 보존이라는 자연적 성향을 함께 지니고 있지만, 인간은 인간만의 고유한 속성인 이성을 통해 신의 영원법에 참여할 수 있다는 뜻이다. 그리고 자연적 성향에 따라 자연법에 참여하는 이와 같은 행위는 자연법의 제1원리인 "선을 행하고, 악을 피하라."라는 명제를 실현하는 일과 일치하는 행위이기도 하다. 한편, 자연법이 영원법에 근거하듯이, 인간 세계의 실정법(인간법)은 자연법에 기초함으로써 그 정당성을 갖게 된다. 물론, 자연법을 위반하는 실정법은 모든 법의 근거가 되는 영원법의 위반을 의미하므로 그 정당성을 상실하게 된다는 논리 구조를 갖고 있다.

아퀴나스의 사상은 신앙의 우위에 기초해 이성과 신앙, 철학과 신학의 관계가 양립 가능하고 조화를 이룰 수 있다고 보았다는 점에서, 그리고 철학과 이성에 기초해 신이라는 존재가 논리적으로 증명될 수 있다는 점을 보여주었다는 점에서 의미를 지닌다. 그뿐만 아니라 아리스토텔레스의 사상을 수용함으로써 아리스토텔레스의 덕에 관한 주장을 신학적으로 재해석한 점도 높이 평가받을 수 있다. 즉 그는 아리스토텔레스의 지성의 덕(지적인 덕)을 신의 지혜와 진리를 깨닫기 위한 이성의 역할로, 그리고 도덕적 품성의 덕을 최고선인 신에 이르기 위한 욕망의 절제와 덕의 실천이라는 맥락으로 재해석함으로써 그의 사상이 신학에 기여할 수 있도록 자리를 마련했다. 물론, 그렇더라도 무엇보다 우리를 신으로 인도하는 덕은 믿음, 소망, 사랑이라는 종교적 덕의 실천이라는 점은 변함이 없다. 한편, 그의 다양한 학문적 업적 중, 특히 자연법사상은 그 기원과 근거는 다르지만, 근대 사회 계약론자들에게서 발견되는 자연법사상과도 연결 고리를 형성하고 있다.

토마스 아퀴나스

- 아리스토텔레스의 철학을 수용하여 신학적 체계 재구성

- 신(神)의 존재를 이성(철학)을 통해 논리적으로 논증함

- 자연법의 제1원리를 "선을 행하고, 악을 피하라."로 제시함

- 자연의 내용들로 자기 보존, 종족 보존, 신의 지혜에 대한 인식, 사회 · 공동체적 삶을 제시함

- 철학(이성)과 신학(신앙)의 관계를 조화와 양립 가능한 것으로 봄

베이컨
F. Bacon

"자연에 대한 인간의 지식이 곧 인간에게는 힘이다"

베이컨(1561~1626)을 말하기 전에 우리에게 베이컨보다 더 많이 알려진 갈릴레오 갈릴레이(1564~1642)에 대해 간략하게 말하고자 한다. 그 이유는 베이컨과 갈릴레이가 거의 같은 시기에 태어났기 때문에 갈릴레이를 떠올리면 그 시대의 상황을 이해하는 데 더욱 도움이 되기 때문이다. 잘 알려진 것처럼 갈릴레이는 코페르니쿠스의 지동설을 자신이 직접 만든 망원경을 통해 증명했고, 아리스토텔레스의 주장처럼 달은 완전한 구(球, 공처럼 둥근 모양)가 아니라 표면이 울퉁불퉁하다는 것을 관측했다. 아무튼 그는 당시 교황청을 비롯해 지배적인 신념이었던 천동설(지구중심설), 즉 모든 천체가 지구를 중심으로 일정하게 돌고 있다는 주장의 오류를 지적하고, 태양을 중심으로 지구도 회전운동을 한다는 지동설을 자신의 망원경을 통해 입증했다. 그의 이런 주장은 곧바로 로마 교황청의 반발에 직면했을 뿐만 아니라 그가 이단 심문의 자리에까지 서야 하는 원인이 되었다. 한편, 갈릴레이가 남겼다는 "그래도 지구는 돈다."라는 유명한 말은 그의 주장을 한층 극적으로 표현하기 위해 후에 만들어진 것으로 알려져 있다.

이렇게 간략하게 갈릴레이를 언급한 이유는 당시 유럽 사회가 자연과학의 발달로 그동안 지식을 독점해 왔던 교회의 권위에 균열이 일어나고 있었으며, 이와 함께 지식과 진리에 관한 근본 토대가 흔들리고 있었다는 점을 말하기 위해서이다. 영국에서 태어난 베이컨을 근대 실험 과학의 아버지라고 부르는 배경에도 이와 같은 자연과학의 발달이라는 시대적 배경이 작용하고 있다. 당시 베이컨은 실험 과학, 특히 온도와 부패의 관계에 관심을 갖고 있었다. 아직 냉동 과학기술이 발달하지 않았던 시기라서 베이컨은 주로 추운 바깥에서 관련된 실험을 할 수밖에 없었는데, 바로 이것이 그가 죽음을 맞이하게 된 주요 원인이 되었다. 당시 영국의 날씨는 습하고 추웠으며, 이로 인해 늙어서 쇠약한 그의 건강은 악화되었고, 결국 폐렴으로 죽음에 이르게 되었다는 것이다.

베이컨의 학문하는 방법은 근대 두 가지 주요 흐름, 즉 합리론(진정한 인식은 경험이 아닌 생득적인 이성에 의하여 얻어진다고 하는 입장)과 경험론(인간의 지식은 관찰과 실험을 통한 경험 과정 속에서 생긴다는 입장) 중에서 경험론을 말할 때 가장 먼저 언급되는데, 그 이유는 그가 자신의 『신기관』(1620)에서 '참된 귀납법'을 주장하고 있기 때문이다.

> 지금까지 학문에 종사해 온 사람들은 경험에만 의존하거나 독단에서 벗어나지 못했다. 경험에만 의존한 사람들은 개미처럼 오직 자료를 모아서 사용하고, 독단에서 벗어나지 못한 사람들은 거미처럼 자신의 몸속에서 재료를 뽑아 집을 짓는다. 하지만 꿀벌은 들꽃에서 재료를 구해와 자신의 힘으로 소화해 꿀을 만드는 중용을 취한다. 참된 학문은 경험이나 실험을 통해 얻은 재료를 지성의 힘으로 변화시키고 소화하는 데에 있으며, 이것은 꿀벌이 하는 일과 비슷하다.

베이컨이 위에서 말하는 개미의 방법이란 단순한 경험적 방법을 말하고, 거미의 방법이란 전통적인 삼단 논법(연역적 방법)을 말하는데, 그는 이 두 가지 방법 모두 새로운 지식을 탐구하고 발견하고자 할 때 적절한 방법이 될 수 없다고 지적하고 있다. 그는 학문과 지식 탐구를 위한 참되고 새로운 방법으로 꿀벌의 방법을 제안하는데, 이것이 '참된 귀납법'이다.

그는 참된 귀납적 방법을 사용하기 위해서는 먼저 우리가 자연에 대해 갖고 있는 선입견과 편견을 폐기해야 한다고 주장하면서, 이를 네 가지(즉, 4대 우상)로 제시한다. 이에 따르면, '종족의 우상'이란 "인간은 만물의 척도이다.", "새들이 울고(노래하고) 있다."라는 주장처럼 우리의 인간성 자체에 기원을 두고 있는 편견으로 자연과 사물을 인간의 감각이나 감정을 중심으로 바라보는 편견을 말한다. 또 '동굴의 우상'이란 각자 개인이 받고 자란 교육이나 경험, 기질 때문에 자신만의 동굴에 갇혀 자연과 사물을 바라보고 판단하는 편견을 말한다. 예를 들어 "내가 볼 때 모든 강아지는 그 어떤 동물보다 귀엽다."라고 말하는 것이다. '시장의 우상'이란 우리가 잘못 사용하고 있는 말이나 언어에서 비롯된 편견으로, 예를 들어 "'도깨비'라는 용어가 있는 것으로 볼 때, 도깨비는 실제로 존재한다고 보아야 한다."라는 주장이 여기에 해당한다. 마지막으로, '극장의 우상'이란 우리가 전통이나 권위, 학설 등을 아무런 비판 없이 받아들여 생긴 편견이다. 예를 들어 "프톨레마이오스의 주장처럼, 지구는 우주의 중심이고, 모든 행성은 지구의 둘레를 일정하게 회전하고 있다는 말이 오류일 수는 없다."라는 주장이 여기에 해당한다.

베이컨의 『신기관』의 부제가 "자연의 해석과 인간의 자연 지배에 관한 지혜의 책"임을 통해 그가 깨뜨려 버려야 할 네 개의 우상이란 우리가 자연을 탐구하고 참된 지식을 획득하는 데 방해가 되는 편견이면서, 또한 우리가 자연을 지배하고자 할 때 우리의 지성을 방해하는 편견임을 알 수 있다. 그렇다면 베이컨이 말한 것처럼, 이러한 우상을 깨뜨리고 자연에 관한 참된 지식을 얻기 위해 우리가 채택해야 할 꿀벌의 방법, 즉 '귀납적 방법'이란 무엇일까?

그것은 감각과 구체적이고 개별적인 것에서 시작하여 지속적이며, 점진적으로 나아간 다음, 최종적으로 일반적인 명제에 이르는 방법이다. 우리가 학문에 대해 어떤 희망이라도 품고자 한다면, 일정한 단계와 절차를 연속적으로 상승하여 나아가 낮은 수준의 공리를 마련하고, 이를 근거로 한층 높은 수준의 공리를 마련한 다음, 가장 일반적인 공리에 이르러야 한다. 이것은 지금까지 시도된 적이 없는 참된 의미의 진리 탐구 방법이다.

베이컨은 이와 같은 귀납적 방법만이 학문의 진보와 자연의 참된 탐구를 위한 희망이 될 수 있다고 보았다. 그는 자연의 품에는 우리가 이미 알고 있는 것들보다 훨씬 많고, 가늠하기조차 힘들 만큼의 기상천외한 보물들이 우리 인간을 위해 유용하게 쓰일 날들을 기다리고 있다고 하면서, 귀납적 방법은 이를 실현하게 해줄 참된 방법이 되어 줄 것이라고 강조했다.

이처럼 베이컨은 자연에 대한 관찰과 실험적 탐구를 통해 자연에 대한 인간의 지배력 강화를 학문의 주요 목적으로 삼았다. 그는 자연은 정해진 질서와 법칙에 따라 운영될 뿐이므로 "자연에 대한 인간의 지배력은 기술과 학문의 진보를 통해서만" 가능하다고 보았다. 따라서 그의 표현처럼, "자연에 대한 인간의 지식이 곧 인간에게는 힘"이므로, 인간은 자연의 해석자이자 사용자로서 자연에 대해 관찰하고 아는 그만큼만 자연에 대해 힘을 행사할 수 있다. 이러한 베이컨의 이상은 과학기술의 발달에 기초한 이상 사회를 묘사한 『새로운 아틀란티스』(1627)에서 한층 구체적으로 드러난다. 이에 따르면, 과학기술 학술원에 해당하는 '솔로몬 학술원'에서는 인류의 건강과 복지를 위해 다양하고 새로운 과학 실험과 연구가 진행된다.

> 이 학술원의 목적은 자연이나 사물의 숨겨진 원인과 작용을 탐구함으로써 인간 활동의 영역을 넓히며, 이를 통해 인간의 목적에 맞도록 자연이나 사물을 변화시키는 것이다. 여기서는 인간의 생명을 연장할 물질을 연구하여 질병 치료와 생명 연장에 도움을 준다. 또 사물의 응고나 고기의 냉동 보관 기술을 연구하고, 동물을 해부하고 실험하며, 서로 다른 동물들 간 교배를 통해 새로운 종의 동물을 얻기도 한다.

베이컨은 '아틀란티스(Atlantis)', 즉 지브롤터 해협 서쪽에 위치해 찬란한 문화를 지닌 곳으로 알려진 유토피아에 '새로운(New)'을 붙임으로써 과학기술의 발달에 기초한 이상적인 사회를 위와 같이 묘사하고 있다. 인간의 자연 지배와 과학기술에 기초한 기술 유토피아의 실현이라는 베이컨의 이상은 오늘날 완전히 상반된 평가를 받고 있다. 한쪽에서는 과학기술의 발달로 인류의 질병 치료와 생명 연장에 기여한 사상으로 평가받는 반면, 다른 한쪽에서는 오늘날 날로 심각해지고 있는 생태·환경 문제와 관련지어 데카르트의 사상과 함께 가치론적 원인을 제공한 전형적인 인간중심주의 사상으로 평가받고 있다.

베이컨

- 자연에 대한 인간의 지식이 곧 인간의 자연 지배를 위한 힘임

- 귀납적 방법에 의한 자연에 대한 관찰과 실험의 강조

- 인간중심주의: 자연은 인간의 편리와 복지를 위해서만 존재함

- 과학기술은 인류의 건강과 생명 연장의 꿈을 실현해 줄 것임

- 가치론적 측면에서 생태·환경 문제를 초래하게 된 근본 원인 제공함

통합사회와 윤리 교과서의 사상가들

데카르트
R. Descartes

"동물은 정신을 전혀 갖고 있지 않으며, 기계처럼 기관의 배치에 따라 작동하는 것을 자신의 본성으로 한다"

여명(黎明), 아직 밝은 새날은 아니지만 희미하게 날이 밝아 오고 있는 새벽녘을 가리키는 말이다. 중세라는 구시대의 종교적 권위가 근대라는 새로운 시대에 완전히 자리를 내준 것은 아니지만 예전에 비해 그 힘의 세기는 크게 약해지고 있던 시기, 이런 배경 속에서 새로운 시대가 서서히 그 자리를 차지하기 위해 빠르게 자신의 힘을 키우던 시기, 베이컨과 데카르트(1596~1650)가 활동했던 시기를 이렇게 묘사할 수 있겠다. 물론, 데카르트는 베이컨보다 약 30년 뒤에 프랑스의 부유한 법률가 집안에서 태어났다.

어릴 때부터 총명했던 데카르트는 덕분에 그 당시 가장 유명했던 예수회 학교에서 공부할 수 있었고, 매우 탁월한 학생이었던 것으로 알려져 있다. 그의 말처럼, "내 동료 가운데 몇몇은 스승의 후계자로 이미 정해져 있었지만, 내가 그들보다 못하다고 생각해 본 적은 없다."라고 말한 것으로 보아 데카르트의 지적 탁월성을 짐작할 수 있다. 아무튼 그는 그곳에서 고전과 우화, 웅변, 시, 수학, 도덕, 신학, 철학, 법학, 의학 등 거의 모든 학문 분야를 공부했다. 데카르트는 시와 웅변을 좋아했는데, 그 이유에 대해 이 두 가지는 인간 정신의 타고난 재능이기 때문이라고 했다. 또 그는 특히 수학에 끌렸다고 했는데, 그 이유는 근거의 확실성과 명증성(논증이나 검증에 의존하지 않고 직관적으로 진리임을 알 수 있음) 때문이라고 말했다. 그런데 데카르트는 그곳에서 공부를 마친 다음 학교 공부를 완전히 집어치워 버리기로 했는데, 그 이유는 세상이라는 커다란 책 속에서 배우기 위해서라고 했다.

이후 데카르트는 '세계라는 넓은 책' 속에서 공부하기 위해 군인이 되었고, 프랑스는 물론, 독일, 헝가리, 네덜란드, 보헤미아(체코) 등 유럽 여러 곳의 서로 다른 문화와 전통, 관습 등을 경험하고 관찰했다. 그는 독일의 도시 경험에 대해 인상적인 말을 남겼는데, 그곳은 옛 도시에 새로운 건물들이 무질서하게 들어서고, 큰 건물과 작은 건물들이 뒤죽박죽 뒤섞여 있으며, 길은 구불구불하여 인간의 이성적 기획이라기보다 차라리 우연의 산물로 보는 것이 적절하다고 평가했다. 그러면서 우리가 태어날 때부터 지닌 우리의 이성을 온전하게 사용하고 이성에 의해서만 인도된다면, 우리의 판단은 순수하고 확고

하며 견고할 것이라고 강조했다.

데카르트는 유럽을 다니며 경험한 것들을 바탕으로, "나는 내 이성을 계발하는 데 나의 모든 삶을 바치고, 진리의 인식과 관련해서는 내가 규정한 방법에 따라 계속해 나가는 것이 가장 바람직하다."라고 결론 내렸다. "나는 어둠 속을 혼자서 걸어가는 사람처럼 천천히 신중하게 나가고, 모든 것에 세심한 주의를 기울이겠다고 다짐했다." 그의 이 말은 자신의 대표적인 저서 『방법서설』(1637)에 나오는 말로 표현하면 다음과 같을 것이다.

> 명증적으로 참이라고 인식한 것 외에는 그 어떠한 것도 참된 것이라고 받아들여서는 안 된다. 속단과 편견은 신중히 피하고, 조금도 의심의 여지가 없을 정도로 분명하게 인식(명석판명)될 수 있게 내 정신에 나타나는 것 외에는 그 어떠한 것에 대해서도 판단을 내려서는 안 된다.

이를 위해 데카르트는 자신이 할 수 있는 한 모든 것들, 예를 들면 전통이나 관습, 우리의 감각 등 우리가 지금까지 인정해 왔던 근거들을 모두 거짓된 것으로 던져 버리고, 나아가 우리의 모든 생각들까지도 모두 거짓이라 간주하고 의심(회의: 전통적인 권위나 상식적으로는 자명해 보이는 것을 인정하지 않고 의심해 봄)해야 한다고 주장했다. 명석하고 판명한 참된 지식을 얻기 위한 그의 의심은 마침내 다음과 같은 결론에 이르게 된다.

그러나 이런 식으로 모든 것이 거짓이라고 생각하고 있는 동안에도 이렇게 생각(의심)하는 나는 반드시 그 어떤 것(존재)이어야 한다는 것을 깨닫게 되었다. 그리고 "나는 생각한다. 그러므로 나는 존재한다."라는 이 진리는 아주 확고하게 확실한 것이고, 그 어떤 회의론자의 억측으로부터도 흔들릴 수 없는 것임에 주목하고서, 이것을 내가 찾고 있던 철학의 제일원리로 거리낌 없이 받아들일 수 있게 되었다고 판단했다.

우리들 거의 모두가 익히 알고 있는 데카르트의 그 유명한 명제는 이렇게 탄생했다. 데카르트는 곧바로 계속해서 더욱 의미심장한 결론으로 나아가는데, 그의 철학의 제일원리 못지않게 중요성을 지닌 이른바 '실체 이원론'이다.

나는 내가 신체를 갖고 있지 않고, 세계도 존재하지 않으며, 내가 있는 장소도 없다고 가정할 수 있지만, 그렇다고 해서 내가 전혀 존재하지 않는다고 가정할 수도 없다. 오히려 그렇게 생각할수록 내가 존재한다는 것이 더욱 분명하고 확실해진다는 것을 깨닫게 되었다. 내가 단지 생각하는 것만 중단한다면, 내가 존재하고 있다는 것을 믿게 할 만한 아무런 근거도 없음을 알게 되었다. 이로부터 나는 하나의 실체, 즉 그것의 본질은 오직 생각하는 것이며, 그것은 존재하기 위해 어떠한 물질적 사물에 의존하지 않음을 알게 되었다. 나를 나이게끔

해 주는 이 정신은 물체와는 완전히 다른 것이며, 설령 물체가
존재하지 않더라도 정신은 스스로 중단없이 존재한다는 것을
알게 되었다.

데카르트는 이와 같은 깨달음을 통해 인간의 정신(의식, 사고, 이
성)을 물체(육체, 사물, 자연, 물질적 자연)와는 완전히 다른 별개의
것으로 구분 짓는데, 이로써 인식하는 주체(즉 이성)와 인식되는 대
상(즉 자연)이라는 근대의 실체 이원론이 확립된다. 한편, 데카르트
는 정신 대 자연(물체)이라는 이분법적 관점을 더 밀고 나아가 인간과
자연의 관계에 대한 근대의 기계론적 입장을 확고하게 제시하기에 이
른다.

인간과 동물의 차이는 인간과 기계의 차이로 이해할 수 있
다. 많은 동물은 어떤 행동과 관련해 인간보다 더 많은 재능
을 보여주지만, 다른 많은 경우에는 전혀 그렇지 못하다. 그
것은 말(즉 언어)과 자연(본능)적 동작의 차이 때문이다. 동
물이 우리보다 더 잘한다고 해서 동물이 정신을 갖고 있음을
증명하는 것은 아니다. 만약 그렇다면 동물이 우리보다 더
높은 정신 능력을 지녀야 하기 때문이다. 오히려 동물은 정
신을 전혀 갖고 있지 않고, 기관의 배치에 따라 작동하는 것
이 그의 자연(본성)이며, 이것은 바퀴와 태엽만으로 만들어
진 시계가 우리보다 더 정확하게 시간을 알려주고 측정하는

것과 같은 것이다.

이처럼 데카르트는 인간의 고유성을 이성(의식, 정신)으로 규정한 다음, 자연과 동물을 태엽 시계처럼 일종의 '자동 기계'로 규정짓는다. 다시 말해, 인간과 자연, 인간과 동물을 별개의 독립된 존재로 구분한 다음, 스스로를 자신의 의지에 따라 규정할 수 없고, 자신을 표현할 수 있는 언어 능력 또한 없는 기계적 자연(동물)을 인간의 지배 아래 두어야 한다고 주장하기에 이른다.

> 우리(인간)는 자연(물체)의 힘과 작용을 명확하고 분명하게 앎으로써 장인처럼 이 모든 것들을 적절한 곳에 사용하고, 그렇게 해서 자연의 주인이자 소유자가 될 수 있다. 이것은 무수한 기술의 발명을 위해서도 바람직하고, 인간의 건강을 유지하기 위해서도 바람직하다. 나는 내 생애를 바쳐 이처럼 필요한 학문을 탐구하기로 결심했다.

데카르트의 인간과 자연의 관계에 관한 입장은 근대 서양 사상가들 중 베이컨과 함께 가장 인간중심주의적인 관점으로 꼽히고 있다. 그의 인식 주체로서 인간과 인식 대상으로서 자연이라는 관점은 인간을 자연으로부터 완전히 분리하는 한편, 자연을 일종의 자동 기계 장치로 파악하게 함으로써 인간의 자연 지배를 정당화해 주고 있기 때문이다.

데카르트

- 철학의 제일원리: 나는 생각한다. 그러므로 나는 존재한다.

- 분명하고 확실한 지식(진리)이 아닌 모든 전통, 권위에 대한 의심(회의)

- 실체 이원론: 인간의 정신(의식) 대 자연(동물)의 물체(물질)라는 실체

- 이분법적 자연관: 인간을 자연으로부터 완전 분리

- 기계론적 자연관: 자연과 동물을 일종의 자동 기계 장치로 파악함

- 인간중심주의 자연관: 인간은 자연의 지배자이자 소유자가 되어야 함

흄
D. Hume

**"이성은 감정에 봉사하고,
복종하는 것 말고는 다른 어떠한 역할도 할 수 없다"**

흄(1711~1776)의 어머니는 독실한 칼뱅교의 신자였지만, 흄 자신은 모든 크리스트교 종파를 거부했던 것으로 알려져 있다. 그렇다고 해서 흄과 흄의 어머니 사이가 나쁜 것은 아니었고, 흄의 무신론적 성향은 자신의 개인적 신념이었던 것으로 보인다. 흄은 논쟁을 즐기기보다 온화한 성품을 지닌 것으로 알려져 있고, 그의 가장 가까운 친구로 우리가 잘 알고 있는 애덤 스미스(1723~1790)가 있다. 두 사람은 무려 27년 동안이나 편지를 통해 우정을 나누었고, 처음에는 '선생님께'로 시작했지만, 나중에는 '나의 가장 친애하는 벗에게'로 호칭이 바뀔 만큼 고귀한 철학적 우정을 나눴던 것으로 알려져 있다.

흄과 관련해 가장 특이한 점이 있다면, 그것은 '흄'의 아버지가 '흄'이 아니라 '홈(Home)'이었다는 사실이다. 이렇게 바뀐 이유는 흄이 20대 중반 영국 남서부에 위치한 브리스톨에서 잠깐 생활한 적이 있었는데, 그곳의 발음법에 따라 흄의 성이 '홈'에서 '흄'으로 바뀌었다고 한다. 이후 흄은 『도덕과 정치 논집』(1741)을 익명으로 출판해 금전적으로도 성공을 거두고 에딘버러 대학의 교수로 임용될 것을 기대했지만, 흄이 무신론자라는 이유를 들어 반대하는 세력들의 음모로 좌절되고 말았다. 이 사건 이후 궁핍한 생활을 이어가던 중 도서관 사서로 일하게 되었는데, 그곳은 흄의 지적 욕구를 충족하기에 안성맞춤이었다. 덕분에 흄은 영국에 관한 역사 서적을 출판해 금전적으로도 큰 성공을 거두었다. 이후 흄은 영국 대사의 비서로 프랑스에 갔다가 영국으로 돌아오는 길에 루소와 동행하며 친분을 쌓는다. 하지만 루소에 대한 나쁜 소문이 퍼졌고, 피해망상증을 앓고 있던 루소는 그것이 흄이 퍼뜨린 것이라고 비난했고, 한마디 말도 없이 프랑스로 돌아가 버렸다고 한다.

'이성에 의한 정념의 지배'는 과거 흄 이전 서양 사상의 지배적인 흐름이었다. 즉 오랫동안 서양 윤리의 주요 흐름은 이성과 정념(감정)의 대립이라는 구도를 유지해 왔고, 이 속에서 정념에 대한 이성의 승리라는 명제는 자명하게 받아들여져 왔다. 그런데 이제 살필 경험론에 기초한 흄의 사상은 도덕적 판단과 도덕적 행위에서 핵심 요인은 이성이 아니라 감정이라고 주장한다. 즉 도덕적 행위나 판단과 관련해 이성이 아무런 역할을 못 하는 것은 아니지만, 인간이 어떤 행위를 할 것인지에 대한 직접적 원인이 되거나 인간의 행위를 이끌(인도할) 수는 없다는 것이다. 그는 이것을 자신의 『인간 본성에 관한 논고』(1746)에서 이렇게 표현한다.

> 내가 증명하려고 하는 것은 첫째, 이성 혼자서는 어떠한 의지적 작용의 동기가 될 수 없고, 둘째 이성은 감정에 반대해 의지를 지도할 수도 없다. 이성은 감정의 노예이고, 또한 노예여야만 한다. 이성은 감정에 봉사하고, 복종하는 것 말고는 다른 어떠한 역할도 할 수 없다.

물론, 흄이 이성은 우리의 행위에 어떠한 영향도 줄 수 없다고 말하는 것은 아니다. 그에 따르면, 이성은 우리가 무엇이 참이고 거짓인지를 분별할 수 있는 정보를 제공해 줄 수는 있지만, 그렇다고 직접 행위를 이끌지는(인도하지는) 못한다는 것이다. 좀 더 자세히 말하면, 이성은 어떤 사실에 대해 인지적 확인은 할 수 있지만, 칭찬이나 비난과 관련된 감정을 움직여 행위를 이끌어내지는(유발하지는) 못한다는 것이다. 예를 들어 도둑질이 옳지 않다는 것을 인식하고 있지만, 그렇다고 실제로 도둑질이 없어진 것은 아니라는 것이다. 지식이 곧바로 행위를 이끌지는 못한다는 뜻이다. 특히 도덕과 관련해서는 행위(실천)가 중요한데, 이성은 단지 관념적 추론 능력만을 지니고 있기 때문에 행위, 즉 도덕과 관련해서는 수동적·도구적 역할에 그칠 수밖에 없게 된다는 의미이다.

흄은 도덕적 행위 및 판단과 관련하여 이성의 이와 같은 한계를 지적한 다음, 인간 행위의 직접적 동기가 되는 감정에 주목한다. 즉 그는 도덕적 선과 악의 문제를 이성이 아니라 감정의 문제로 전환해 주장한다. 그에 따르면, 만약 우리가 어떤 행동을 보면서 기쁨·쾌감을 느끼는 것은 그 행동을 시인(그 행동을 옳다고 인정함)하기 때문이고, 반대로 슬픔·불쾌의 감정을 느끼는 것은 그 행동을 부인(그 행동을 옳지 않다고 보아 인정하지 않음)하기 때문이라는 것이다. 이렇게 볼 때, 도덕적 선이나 도덕적 악이란 쾌감이나 불쾌감과 관련되므로, 도덕성 또한 이성에 의해 '판단되는 것'이 아니라 감정에 의해 '느껴지는 것'이라고 말하는 것이 적절하다.

> (도덕적) 덕 또는 악덕은 관념들의 단순한 비교나 이성을 통해 발견될 수는 없다. 우리가 덕 또는 악덕이라고 구분하는 것은 그것들이 일으키는 어떤 감정 또는 인상(어떤 대상을 보거나 들었을 때 갖게 되는 느낌이나 작용)에 근거한 것임이 틀림없다. 도덕적 옳음(선) 또는 악은 확실히 지각이며 그것을 정확히 말한다면, 도덕성은 판단되기보다 오히려 느껴진 것이라 할 수 있다.

그렇다면, 도덕적 선[덕(德)]이나 악은 단지 주관적 느낌, 즉 감정의 표현만으로 충족된다고 할 수 있을까? 이에 대해 흄은 시인 또는 부인의 감정은 개인만의 주관적 감정이 아니라 인간으로서 공통적으로 느끼는 사회적·인류애적 감정, 즉 공감이라고 주장한다. 우리가 자신의 이익과는 아무런 상관이 없는데도 이웃이나 사회를 위한 어떤 행동에 대해 기쁨의 정서를 갖는 것은 오직 공감 때문이라는 것이다.

> 어떤 사람의 품성에 대해 도덕적으로 선(훌륭)하다고 하거나 악하다고 말할 수 있는 감정이나 느낌이 일어나는 것은 그 품성을 우리의 개별적 이익과 무관하게 일반적으로 고려했을 때뿐이다. 즉 유용성을 도덕적 감정의 근원으로 볼 수 있다. 그 유용성이 언제나 자기 자신과 관련해서만 고려되는 것이 아니라면, 그리고 이로부터 사회 전체의 행복에 기여하는 모든 것은 그 자체로 곧바로 우리의 시인을 받는다.

흄에 따르면, 공감은 "모든 인간이 공유하고 있는 것이며, 따라서 도덕성의 기초로 삼을 수 있는 유일한 것"이다. 공감이란 타인의 행복이나 불행을 자신의 것으로 함께 느낄 수 있는 우리 마음 안의 능력으로 인류애 또는 동료의식이라 할 수 있다. 따라서 이 공감을 통해 우리는 자신만의 특수한 상황을 떠나 타인과 공유된 관점을 취할 수 있게 된다. 즉 인간의 본성 안에 존재하는 보편적 원리(즉 공감)를 움직여 인류애를 실천할 수 있게 되는 것이다. 이처럼 흄은 공감을 통해 우리가 자신만의 편협하고 개인적 관점을 극복하여 인류와 사회적 차원의 이익을 위한 행위를 할 수 있는 존재라고 보았다. 흄의 이러한 입장은 근대 영국의 경험론이 공리주의로 발전하는 계기를 제공했다는 평가를 받는다.

흄

- 감정 중심의 윤리설을 주장함
- 도덕적 선 또는 악은 이성으로 판단되는 것이 아니라 공통으로 느낀 감정의 표현임
- 도덕적 행위와 도덕적 판단에서 중요한 것은 이성이 아니라 감정임
- 이성은 감정의 노예이고 노예여야 함
- 인간의 공감(공감 능력)은 도덕성의 기초이며 보편적 원리임
- 유용성은 도덕적 감정의 근원이며, 사회 전체의 행복에 기여함

스피노자
B. Spinoza

"모든 존재는 자신의 존재를 지속하려는 속성을 자신의 본질로 한다"

스피노자(1632~1677)는 네덜란드의 부유한 유대교 상인의 집안에서 태어나 어려서부터 유대교 경전과 히브리어를 공부했고, 자라서는 율법 학교에 입학해 공부하는 등 신앙심 또한 매우 깊었고, 총명한 아이였던 것으로 전해진다. 그런데 평탄하고 신앙심 깊은 생활을 하고 있던 그에게 삶의 결정적 전환이 되는 사건이 발생하게 되는데, 그것은 한 유대 청년이 사후 세계에 대해 의심하는 글을 발표한 후 유대교로부터 파문당하고, 그것도 모자라 그를 교회 입구에 엎드리게 한 다음, 신자들이 그를 밟고 지나가게 하는 벌을 받게 한 것이다. 결국 그 청년은 육체적 고통보다 정신적 치욕을 견뎌내지 못하고 스스로 자살을 선택하게 된다.

이 사건 이후 신학적 진리를 의심하고 있었던 스피노자는 당시 이단으로 여겨지고 있던 라틴어 학교에 들어가 라틴어는 물론 코페르니쿠스의 천문학과 데카르트의 철학을 공부한다. 이런 그의 행동은 유대교의 반발과 살해 협박으로 이어졌지만, 스피노자는 자신의 신념을 바꾸지 않았고, 결국 1656년 유대교로부터 파문당한다. 파문의 내용은 지금 보아도 끔찍할 정도이다. "스피노자를 저주하고 추방한다. 밤낮으로 저주받고, 잠잘 때도 일어날 때도 저주받으라. 신의 분노와 노여움이 그를 향해 불타시고, 그의 이름을 유대 민족에서 지우고 파멸하게 하소서. 누구도 그와 사귀어서는 안 되고, 그가 쓴 책을 읽어서도 안 된다." 스피노자는 유대교의 파문에 대해 침묵으로 일관했고, 아무도 그와 거래하려 하지 않았으며, 심지어 자기 집에서도 쫓겨나게 되어 다락방을 빌려 빈곤한 생활을 해야 했다. 다행히 학교생활을 통해 배운 렌즈 가는 일로 겨우 생계를 이어갈 수 있었다.

그렇다면 유일신이자 인격신을 인정하지 않고 파문의 고통까지 감수하며 스피노자가 주장하려 했던 것은 무엇일까? 스피노자는 유대교에서 주장하는 신, 즉 신은 인간의 모습을 하고 있으며 인간처럼 감정을 갖고 분노하고 기뻐하는 그런 존재일 수는 없다고 생각했다. 스피노자는 신은 세상을 만들어낸 존재이지만, 그렇다고 세상의 모든 일에 관여하거나 자신을 계시하는 인격적 존재는 아니라고 보았다. 그는 이러한 신을 '자연 그 자체'라고 생각했다. 즉 그에게 자연이란 그 자체로서 무한하고, 완전하며, 유일한 실체로서 신(자연 즉 신)이라는 의미이다.

신이 곧 자연이라면, 이 세계의 모든 존재는 자연의 법칙에 따라 인과 필연적으로 결정되어 있어야 한다. 또 인간 또한 자연의 일부이기 때문에 자연법칙의 지배로부터 자유로울 수 없게 된다. 실제로 스피노자는 "자유로운 의지란 존재하지 않는다. 오히려 정신은 이것 또는 저것에 의지하도록 어떤 원인에 의해 결정되고, 이 원인 또한 다른 원인에 의해 결정되며, 이러한 관계는 무한히 진행된다."라고 주장한다. 이러한 논리에 기초해 스피노자는 우리가 일반적으로 "자유의지에 따라 선택하고 결정하며 행동한다."라고 말할 때, 그것은 자연 또는 세상에 존재하는 참된 원인, 즉 자연법칙의 필연적 인과 관계에 대해 무지하기 때문이라고 생각했다. 그의 『에티카』(1677)에는 신적 필연성에 의해 존재하는 모든 것들에 대해 이렇게 말하고 있다.

> 자연 안에 우연한 것이란 어떠한 것도 없으며, 모든 것은 신적 본성인 필연성의 원리에 따라 어떤 방식으로 존재하고 작용하도록 결정되어 있다. 사물은 산출된 것과 다른 방식으로 존재할 수 없다. 인간의 이성은 인식하는 것이며, 정신의 최고 덕은 신을 인식하는 것이다.

이처럼 자연 안에 존재하는 것은 그것이 인간이든, 인간의 감정이든, 아니면 그 어떠한 것이든 신의 인과 필연성의 원리에 의해 존재할 수밖에 없으므로 자유의지란 애초에 있을 수 없고, 자연의 일부인 인간은 자신의 이성을 통해 이러한 신적인 필연성을 인식하는 것을 최고의 덕으로 삼아야 한다는 것이 스피노자의 입장이다. 그렇다면 '자유의지'는 그렇다고 치더라도 인간에게 '자유' 또한 불가능한 것일까? 이에 대해 스피노자는 '자유롭다'라는 말은 자기 내면의 법칙을 따른다는 의미로 보아야 하므로 그것은 자연의 일부인 인간이 자연의 필연성의 원리에 따른다는 뜻으로 보아야 한다고 주장한다. 따라서 '자유'란 외적 조건에 의해 강제되거나 제약받는 것이 아니라 신의 본질인 필연성의 원리를 이성을 통해 인식하는 일과 관련된다는 것이다.

> 우리의 모든 관념은 오직 신과의 관계 속에서만 참이다. 이성의 본질은 사물을 우연이 아니라 필연적으로 고찰하는 것이다. 정신은 자기 자신과 함께 자신의 활동 능력을 인식할 때 기쁨을 느낀다. 그리고 자신의 본성을 (신적 필연성과의 관계 속에서) 보다 명확하게 인식하면 할수록 더 큰 기쁨을 느낀다. 모든 존재는 자신의 존재를 지속하려는 속성을 지니며, 이것이 모든 사물의 본질이다.

스피노자는 신적 필연성에 의해 존재하는 모든 것들의 근본 속성을 '자기 존재의 지속'에 두었고, 인간은 이성을 통해 이러한 자기 보존을 가장 잘할 수 있다고 보았는데, 그것은 또한 인간이 자신의 이성을 가장 잘 발휘하는가에 달려 있는지와 관련된다고 보았다. 그리고 그곳에서 자기 내면의 법칙인 신적 필연성의 원리를 따르는 일, 즉 자유가 실현될 수 있다고 보았다. 따라서 우리의 정신이 보다 큰 완전성을 향해 나아갈 때, 달리 말하면 우리의 정신이 자기 내면의 신적 필연성의 원리를 최대한 잘 구현해 낼 때 자유가 가능하다는 것이고, 자기 보존 또한 가장 잘하게 된다는 것이다. 또한 그것은 우리가 이성의 활동을 방해하고, 외적 조건에 의해 일어나는 고통스러운 정념의 간섭으로부터 자유로워질 수 있음을 의미한다.

> 각 개인은 자신의 이익을 추구하면 할수록, 즉 자기 존재를 유지하려고 애쓰면 애쓸수록 더욱 유덕하게 되고, 그와 반대될수록 무기력해진다(정념의 지배를 받는다). 참으로 덕 있는 행동이란 이성의 지도에 따라 자기 이익을 추구하는 것이다. 인간 정신의 최고 덕은 신을 인식하는 것이고, 모든 것은 신적 본성과 일치할 때만 필연적으로 선이다. 가장 유익한 삶이란 이성을 완전하게 하는 삶이다. 인간은 오직 이를 통해서만 최고선[지복(至福)]에 이를 수 있고, 그것은 정신의 만족일 뿐이다.

정리하면, 스피노자는 인간을 포함한 각각의 사물들은 저마다 신적 질서와 법칙에 따라 존재하며, 전체로서 자연 또한 질서와 법칙, 즉 필연성의 원리를 따른다고 보았다. 그것은 마치 거대한 하나의 기계와 같이 인과 필연으로 잘 짜여 있다. 인간은 그 자연의 일부로서 이성을 지니며, 이성을 통해 전체로서 자연(즉 신)에 내재하는 필연적 질서와 법칙을 관조해야 하며, 이를 통해 최고선에 이르는 자유인이 될 수 있다고 보았다. 물론, 그의 표현처럼 "(지극한 행복, 즉) 모든 고귀한 것은 어렵고 드물다."

스피노자

- 신은 자연 그 자체이자 세계 자체임(자연 즉 신)
- 이 세계와 우주는 거대한 기계처럼 필연적 질서 원리에 따라 움직임
- 인간을 포함한 세계의 모든 존재는 원인과 결과의 관계이며, 필연적으로 연결되어 있음.
- 인간은 이성을 통해 신 또는 자연의 필연적 인과성을 인식할 수 있음
- 신에 대한 지적 사랑과 이를 통한 신적 필연성의 인식을 통해 인간은 자유인이 될 수 있음
- 신적 필연성의 인식을 통해 마음의 안정과 평화가 가능하며, 이것이 지복(至福)이자 인간에게 가능한 최고선임
- 존재하는 모든 것들은 자기 유지(보존) 속성을 지니며, 인간은 이성적 관조를 통해 이를 인식해야 함

13

칸트
I. Kant

**"아무런 경향성 없이 오직 의무로부터 행위를 할 때,
행위는 도덕적 가치를 지닌다"**

　칸트(1724~1804)는 동프로이센의 쾨니히스베르크에서 태어났으며, 그의 아버지는 가난한 마구 직공이고, 어머니는 루터교의 신앙심 깊은 경건파 신자였다. 그가 왜 '임마누엘 칸트'인지는 어머니의 깊은 신앙심과 관련된 듯하다. '임마누엘(Immanuel)'의 의미가 "하느님이 우리와 함께 계신다."이고, 이는 예언된 메시아(구원자)의 이름이기도 하기 때문이다. 칸트 집안의 가정 형편은 그리 넉넉지 않았지만, 대학 시절에는 당구를 좋아해 친구들과 내기 당구를 즐기기도 했던 것으로 알려져 있다. 어렵게 대학에서 학위를 마쳤지만, 곧바로 정식 교수가 되지 못했던 칸트는 그래도 학생들을 가르칠 수 있는 기회를 가

질 수 있었다. 그는 강의에서 영국과 프랑스의 문학은 물론, 지리학, 철학, 과학 등 여러 분야에 걸쳐 풍부한 지식을 활용했기 때문에 학생들로부터 인기가 많았다고 전해진다. 마침내 1770년 강사 생활을 마감하고 대학의 철학 교수로 임용된 칸트는 차례로『순수 이성 비판』(1781),『윤리 형이상학 정초』(1785),『실천 이성 비판』(1788),『판단력 비판』(1790),『영원한 평화』(1791),『윤리 형이상학』(1797)을 발표하며 자신의 비판 철학 체계를 완성하기에 이른다.

칸트 덕분에 동프로이센의 쾨니히스베르크는 철학의 새로운 성지가 되었지만, 칸트는 이와 상관없이 자신의 규칙적인 생활 습관을 엄격하게 유지했다고 한다. 칸트의 이러한 규칙적 생활 습관은 160cm의 작은 키, 그리고 기형적인 가슴과 함께 타고난 허약체질에 대한 칸트의 엄격한 자기 관리 노력과 관련된 것으로 보인다. 칸트는 한 번의 예외를 제외하고는 자신의 규칙적인 산책 습관을 거른 적이 없을 정도였다고 한다. 그 한 번의 예외는 그가 루소의『에밀』을 읽었을 때라고 한다. 칸트는 평생을 독신으로 살았다는 것으로도 유명하며, 그에게 죽음이 왔을 때 그가 남긴 마지막 말은 "좋군(Es ist gut!)."이었다고 한다.

칸트는 자연계에 변함없는 일정한 법칙이 있듯이 인간의 행위와 관련해서도 마땅한 법칙이 존재할 수 있어야 한다고 생각했다. 물론 자연법칙이 인간과 동물을 포함해 자연의 모든 사물에 필연적으로 적용되는 법칙인 반면, 칸트가 이제 말하려는 도덕법칙은 자유의지를 지닌 인간이 스스로 세우고 스스로 따르는 법칙(즉 의지의 자율성)이라는 점에서 자연법칙과는 차별화된다. 아무튼 그는 인간의 마땅한 행위와 관련된 이 법칙에 대해 '도덕법칙', 즉 '정언명령'이라고 이름을 붙인다. 여기서 '정언(定言)'이란 어떤 판단이나 명제(주장)에 대해 조건이나 가정을 붙이지 않고 단정 짓는 것을 말한다. 그의 대표적인 정언명령으로 "네 의지의 준칙이 언제나 동시에 보편적 입법의 원리로서 타당할 수 있도록 그렇게 행위 하라."를 들 수 있다. 칸트에 의하면, 이 명제는 행위의 목적이나 결과, 형식과 상관없이 그 자체가 선(善)이기 때문에 무조건 지켜야 하는 명령이므로 정언명령이다.

칸트는 우리가 오직 옳다는 이유만으로, 또한 그렇기 때문에 우리가 아무런 조건 없이 행해야 하는 그러한 도덕법칙(정언명령)을 우리의 의무로서 받아들이고, 이것만을 행위의 동기로 삼아 행위 하는 것은 그 자체로서 도덕적 의미와 가치를 지닌다고 보았고, 그렇게 하고자 하는 의지를 선의지라고 했다. 따라서 칸트에게 도덕법칙에 대한 순수한 존경심으로서 선의지란 "오직 이것만이 이 세상 안에서만이 아니라 이 세상 바깥에서도 아무런 제한 없이 선인 것이다. 선의지는 그것이 어떤 목적을 성취하거나 달성하는 데 쓸모 있기 때문에 선한 것이 아니라 오직 그렇게 마음먹은 그것 자체만으로 선한 것이다."

칸트는 이처럼 우리가 오직 '의무이기 때문에' 할 수밖에 없는 행동, 또는 '도덕법칙에 대한 의무로부터 비롯된 행위만이' 도덕적 가치를 지닌다고 보았기 때문에 경향성에 따르는 행위나 단지 의무에 맞는(일치하는) 행위가 곧바로 도덕적 가치를 지니지는 않는다고 보았다. 칸트

통합사회와 윤리 교과서의 사상가들

에게 경향성에 따른 행동이란 자연이 인간에게 부여한 본능적 속성으로서 경향성이며, 이에 따른 행동은 자신의 이익을 추구하려는 욕구나 동정심처럼 우리가 자연스럽게 갖고 있는 감정이나 성향(욕망, 욕구, 이기심 등) 등과 관련되므로 어떠한 도덕적 의미도 가질 수 없다.

> 행위들의 모든 도덕성은 그 행위들이 만들어낼 것에 대한 애호나 애착으로부터가 아니라 의무로부터, 그리고 (도덕) 법칙에 대한 존경으로부터 나온 그런 행위들의 필연성에 근거해야만 한다. 경향성은 그것이 선량한 것이든 그렇지 않은 것이든 그것은 맹목적이고 노예적이다. 아무런 경향성 없이 오직 의무로부터 그 행위를 할 때, 그때 그 행위는 비로소 진정한 도덕적 가치를 지닌다.

칸트는 동정심 같은 경향성은 동정심을 느낄만한 가치가 없는 사람에 대해서도 동정심을 느끼는가 하면, 동정을 받아 마땅한 사람에게 동정심을 느끼지 않을 수 있으므로 우리의 행위에 어떠한 도덕적 가치도 부여할 수 없다고 보았다. 마찬가지로 자기애와 같은 경향성을 따르게 되면 자살까지도 허용하게 된다고 보아 경향성 또한 도덕적 의미를 지닐 수 없다고 보았다. 의무란 법칙에 대한 존경심으로부터 말미암아 그렇게 행위 할 수밖에 없는 필연성에 따라 행위 하는 것이므로 행위 그 자체로서 도덕적 의미와 가치를 지닌다는 것이 칸트의 생각이다. 즉 도덕법칙은 개인의 주관적 경험이나 자기 행복(자기애)의 원리에 근거할 수 없으므로 모든 경향성을 배제함으로써 수립될 수 있다.

칸트는 이처럼 이성적 존재인 우리가 따라야 할 절대적이고 보편타당한 실천 법칙, 즉 도덕법칙이 존재하고, 그것을 정언명령으로 제시할 수 있다고 보았다. 그렇다면 준칙, 즉 우리가 어떤 행위를 하고자 할 때 각자가 따르는 주관적 행위의 원칙은 왜 보편적 도덕법칙이 될 수 없을까? 이에 대해 칸트는 보편화할 수 있는 준칙이 있다고 본다. 즉 모든 사람에게 예외 없이 똑같이 적용할 만한 객관적 타당성을 지닌 준칙은 존재할 수 있고, 그런 준칙만큼은 도덕적 가치를 지니며, 또한 도덕법칙이 될 수 있다는 것이다. 이렇게 도출된 도덕법칙은 다음과 같다.

> 네 의지의 준칙이 언제나 동시에 보편적 입법의 원리(보편적 법칙 수립의 원리)로 타당할 수 있도록 그렇게 행위 하라.

칸트의 윤리 이론에서 '보편주의 정식'으로 불리는 위의 정언명령(도덕법칙)과 함께 우리가 '인격주의 정식'이라 부르는 또 하나의 정언명령이 있다.

> 너 자신과 다른 모든 사람의 인격에서 인간성을 결코 단지 수단으로만 대하지 말고, 언제나 동시에 목적으로서 대하도록 행위 하라.

위의 실천 이성의 명령을 좀 더 쉽게 말하면, 자기 자신의 인격은 물론, 다른 모든 사람의 인격을 단지 수단으로서만이 아니라 또한 동시에 항상 목적으로 대하도록 행위 하라는 것이다. 이 말은 인간(인격)은 이런저런 용도나 쓰임에 따라서 값이 매겨지는 물건, 다시 말해 어떤 목적을 위한 수단이 아니라, 그 자체로서 가치와 존엄성을 지니는 인격, 즉 목적 그 자체로서 생각되어야 한다는 의미이다.

결론적으로 칸트의 윤리 이론에서 도덕적 행위에 관한 논의는 도덕법칙을 전제로 하여 선의지의 지배를 받는 행위, 실천 이성의 명령을 따르는 행위, 의무감에서 비롯된 행위, 의무 의식이 동기가 된 행위, 도덕법칙에 대한 자발적(자율적) 존중에서 비롯된 행위, 그리고 정언명령을 따르는 행위 등은 모두 도덕적 가치를 지닌 행위라고 할 수 있다.

한편, 칸트가 이처럼 선의지, 즉 행위의 결과가 아니라 행위를 하게 하는 우리의 의지를 강조했던 이유는 오직 이것만이 행위자인 우리가 책임질 수 있는 영역(한계) 안에 있다고 생각했기 때문이다. 행위의 결과는 예상치 못한 주변의 여러 요인이나 우연적 조건들의 영향을 받기 때문에 우리 의지의 한계 바깥에 존재하는 반면, 행위의 동기가 되는 의지는 전적으로 우리의 책임의 한계 안에 존재한다고 보았기 때문이다. 이 때문에 행위의 결과는 도덕성을 판단하기 위한 기준이 될 수 없고, 선의지만이 도덕적 선의 유일한 근거가 될 수 있다고 본 것이다.

칸트

- 행위의 도덕성(선)을 결정하는 것은 행위의 동기인 선의지임
- 선의지는 목적을 위한 수단으로서가 아니라 그 자체로서 선한 것임
- 도덕법칙: 이성적 존재가 따라야 할 절대적이고 보편타당한 실천 법칙
- 도덕법칙은 실천 이성이 자기 스스로에게 부과한 자율적 명령임
- 도덕법칙은 정언명령으로 표현됨
- 자신의 준칙을 항상 동시에 보편적 입법의 원리가 될 수 있도록 행위 해야 함
- 인격에서 인간성을 수단으로서만이 아니라 동시에 항상 목적으로서 대해야 함
- 선의지에 지배를 받는 행위, 의무감에서 비롯된 행위만이 도덕적 가치를 지님

14

벤담
J. Bentham

"쾌락은 우리의 행위와 우리가 생각하는 모든 것을 지배한다"

벤담(1748~1832)은 할아버지와 아버지가 모두 법률가인 집안에서 태어나 자신도 어려서부터 엄격한 교육을 받으면서 자랐다. 덕분에 21살에 변호사 자격을 취득했지만, 벤담 자신은 변호사 업무를 매우 싫어했다고 한다. 그 이유는 변호사의 일이란 게 무의미하고 돈이 많이 드는 소송만을 부추긴다고 보았기 때문이다. 벤담은 변호사가 소송을 그만두기를 바라는 것은 의사가 환자가 건강하기를 바라는 것과 마찬가지로 완전히 불가능한 일이라고 여겼다. 이 때문에 벤담은 변호사 일보다 차라리 법의 기초를 연구하는 일에 집중하게 되었는데, 이것이 벤담의 저작 중 가장 유명한 『도덕과 입법의 원리』(1789)이다.

이 책은 프랑스혁명이 진행되고 있던 시기에 프랑스어로 번역되어 소개되었는데, 이 책 덕분에 벤담은 파리의 명예시민이 되었고, 살아있는 사람으로서는 유일하게 나폴레옹 법전(1804년 나폴레옹 1세 때 제정·공포된 프랑스 민법전으로 법 앞의 평등, 사유 재산 존중, 신앙의 자유와 프랑스혁명의 성과를 담고 있음)에 인용되는 명예까지 누리게 되었다고 한다.

위대한 철학자라기보다 위대한 개혁가였던 벤담은 산업혁명으로 산업화와 도시화가 진행되고 있는 영국 사회의 개혁을 위한 급진적 주장을 했는데, 형벌과 관련해서는 '판옵티콘(pan-opticon)'을 주장했고, 군주제와 상원 철폐와 영국 국교 폐지와 선거법 개정, 응보법 중심의 형법 체계 개정 등 당시로서는 매우 과격하고 급진적인 주장을 펼쳤다. 벤담을 포함해 '철학적 급진주의자' 그룹으로 불리는 이들은 자신들의 뜻을 모아 유니버시티 칼리지를 설립했는데, 이 대학은 영국에서 종교 시험을 치르지 않고 입학할 수 있는 최초의 대학이었다.

아무튼 벤담의 유언에 따라 그의 시신은 런던 유니버시티 칼리지에 기증되어 해부되었고, 그의 머리는 밀랍으로 만들고, 몸은 평상복을 입혀, "현존하나 투표는 하지 않는다."라는 말과 함께 그곳에 보관되어 있다. 우리가 앞에서 살폈던 칸트의 윤리 이론이 행위의 동기가 지닌 순수하고 선한 의지를 근거로 확립된 이론이라면, 벤담의 윤리 이론은 결과의 좋음으로서 행복(쾌락)을 근거로 확립된 이론이라 할 수 있다. 이러한 이유 때문에 칸트의 입장은 의무론적 윤리 이론, 벤담의 입장은 결과(쾌락)주의 또는 공리주의 윤리 이론으로 분류한다. 벤담은 우리가 어떤 선택을 하든, 어떤 행동을 하든 그것은 모두 쾌락의 증진 또는 고통의 감소라는 목적에 종속되어 있다고 보았다.

> 자연은 인류를 두 명의 군주, 즉 쾌락과 고통의 지배 아래 두었다. 우리가 무엇을 하게 될 것인지, 우리가 무엇을 해야 하는지를 결정하는 것은 오직 이 두 가지 요인이다. 옳고 그름의 기준, 그리고 원인과 결과의 연쇄 관계는 모두 쾌락과 고통의 지배와 구속 아래 놓여 있다. 쾌락은 우리의 행위와 우리가 생각하는 모든 것을 지배한다.

이로 미루어 볼 때, 확실히 벤담은 근대의 대표적인 쾌락주의자라 할 수 있다. 계속해서 그는 쾌락과 고통은 양적인 차이만 있을 뿐이며, 또한 그렇기 때문에 그것은 계산(측정)될 수 있다고 주장한다. 쾌락이나 고통의 가치는 그것의 강도, 지속성, (불)확실성, 근접/원격성, 생산성, 순수성, 범위 등에 따라 양적으로 측정될 수 있다는 것이다. 그의 이러한 양적 공리주의에서 특히 주목해야 할 요소는 '범위'이다. 범위란 한 행위를 통해 얼마나 많은 사람들이 쾌락과 고통의 영향을 받는지를 의미하는데, 이것은 근대 공리주의의 중요한 특징에 해당한다. 왜냐하면 그것이 공리주의의 가장 익숙한 구호인 "최대 다수의 최대 행복"과 관계되기 때문이다. 벤담은 이를 '유용성(공리)의 원리'로 다음과 같이 설명한다.

> 유용성(공리)의 원리란 행위의 영향을 받는 이해당사자의 행복을 증가 또는 감소시키느냐에 따라 어떤 행위를 승인하거나 부인하는 원리이다. 이때 어떤 행위란 개인의 사적인 모든 행위는 물론, 정부의 모든 정책까지 포함한다. 또한 이것은 우리가 쾌락과 고통에 의해 지배되고 있음을 인정하는 것이며, 이에 기초해 이성 또는 법률의 손으로 행복을 직조하려는 것이다.

이처럼 벤담은 공리의 원리를 '최대 다수의 최대 행복'이라는 명제와 관계지어 바라보았고, 이것이 모든 도덕과 입법의 원리가 되어야 한다고 생각했다. 그리하여 도덕이나 법은 그것이 실제로 행해졌을 때 결과적으로 당사자인 개인은 물론 그것의 영향을 받는 관련된 모든 당사자들의 쾌락과 고통까지 포함해야 한다고 보았다. 이것은 또한 어떤 행위의 결과이자 어떤 법의 시행의 결과에 근거해 도덕과 법의 타당성을 평가해야 한다고 보기 때문에 이를 결과주의 윤리라 부르게 된다. 또 어떤 행동이 가져오는(산출하게 되는) 결과에 근거해 그 행동의 좋고 나쁨, 옳고 그름을 평가하기 때문에 행위 공리주의라고도 부른다.

한편, 당시 영국 사회를 개혁하고자 했던 벤담의 노력은 사법적 형벌에 대해서도 공리주의적 관점에 기초해 접근하는데, 이는 베카리아

(1738~1794)의 영향을 받은 것이다. 그의 판옵티콘은 적은 간수(교도관)가 많은 수의 수감자를 완벽하게 감시할 수 있도록 하는 원형 감옥의 형태를 하고 있는데, 이는 최소의 비용으로 최대의 효과를 산출하려는 공리주의적 관점이 그대로 반영되어 있다. 또 수감자의 노동을 통해 교도소를 운영함으로써 정부의 지출을 줄이는 한편, 수감자에게 노동과 기술의 가치를 일깨움으로써 교도소의 교화 기능을 강조한 것도 궁극적으로 사회 전체의 관점에서 보면 사회적 차원의 행복(쾌락)을 증진하는 효과를 가져오므로 최대 다수의 최대 행복에 기여하는 결과를 가져오게 된다.

벤담은 범죄자가 교도소 생활을 통해 더욱 근면해지고, 사회에서 필요한 기술을 배우는 한편, 사회로 환원되어 다시 범죄를 저지르지 않게 된다면, 이는 범죄자인 당사자를 위해서도 바람직하고 사회 전체의 행복이 증진된다는 점에서도 바람직하다고 보았다. 이렇게 볼 때, 벤담의 공리주의적 형벌관은 범죄의 예방과 범죄자의 교화를 목적으로 한다고 볼 수 있다. 벤담은 이처럼 모든 법은 통치자나 피통치자 모두에게 최대 행복이 되도록 구성되어야 한다고 주장했고, 또 같은 맥락에서 정치인과 공무원은 국민의 주인이 아니라 하인이 되어야 한다고 주장했는데, 이것 또한 그의 공리주의적 입장을 잘 보여주는 대목이라 할 수 있다.

벤담

- 행위 공리주의: 행위의 옳고 그름을 행위가 산출하는 결과에 근거해 판단함(결과주의)

- 공리의 원리로 '최대 다수의 최대 행복'을 제시함

- 양적 쾌락 · 공리주의: 쾌락과 고통의 양(量)은 객관적 측정이 가능함

- 모든 쾌락은 질적 차이가 없고 양적 차이만 있을 뿐임

- 공리(유용성)의 원리는 행위의 영향을 받는 당사자들의 모든 쾌락과 고통을 포함함

- 도덕과 입법의 원리는 '최대 다수의 최대 행복의 원리'에 기초함

- 형벌은 범죄 예방과 범죄자의 교화를 통한 사회적 행복의 증진에 있음

15

밀
J. S. Mill

"만족해하는 돼지보다 불만족스러워하더라도 인간이 되는 것이 더 낫다"

벤담의 친구인 제임스 밀의 아들인 존 스튜어트 밀(1086~1873)은 세 살 정도의 어린 나이 때부터 그리스어를 배우기 시작했고, 일곱 살이 되었을 때는 이미 플라톤의 책을 읽을 수 있을 정도가 되었으며, 여덟 살이 되었을 때는 라틴어로 쓰인 문학책들을, 그리고 열두 살이 되었을 때는 논리학과 경제학을 공부할 정도로 조기 교육을 충실히 받았다. 이 때문에 같은 또래의 아이들과 어울리며 노는 경험이 부족했고, 천재적인 지적 조숙함은 스무 살에 이르러 '정신적 위기'를 맞이하게 되는 원인이 되었다고 한다.

밀은 자신의 정신적 위기를 워즈워드의 시와 테일러 부인과의 교제를 통해 극복할 수 있었다고 한다. 밀은 워즈워드의 시는 "우리의 감정을 고양해 주며, 내면적 기쁨의 원천, 그리고 공감과 상상이 주는 즐거움의 원천에 이르게 해 준다. 그의 시는 행복의 영원한 원천과 나자신이 더 나아지고 행복해지는 것을 느끼게 해 준다."라고 평가했다. 또 테일러 부인에 대해서는 "그녀는 깊고 풍부한 감정을 지녔고, 직관적인 통찰력을 지녔다."라고 했는데, 테일러 남편이 사망하기까지 순수한 교제를 지속해 오던 두 사람은 부인의 남편이 사망하자 마침내 결혼했다.

밀 자신이 가장 아꼈던 대표적인 저서로 알려진 『자유론』(1859)과 『여성의 종속』(1869)은 실질적으로 그녀와 함께 쓴 것으로 더욱 유명하다. 이외에 밀의 주요 저서로 『공리주의』(1863)가 있다. 특히 『여성의 종속』은 밀이 여성주의저 관점을 가장 잘 표현한 작품으로 알려져 있다. 여성의 정치 참여와 정치 개혁에도 관심이 높았던 밀은 사적인 이해관계에 얽히지 않고, 정치 후원금을 받지 않는 등 공정한 선거 운동을 통해 지역 의원으로 당선되었으며, 이후 여성 참정권과 노동자들의 권익을 위해서 적극적으로 활동했다. 삶의 끝에서 그는 "나는 내가 할 일을 마쳤다."라는 말을 유언처럼 남기고 그녀의 곁에 안장되었다.

밀은 스승인 벤담이 쓴 『도덕과 입법의 원리』는 "나의 사상에서 하나의 전환점이 되었으며", 최대 다수의 최대 행복이 도덕과 입법의 가장 확실한 기준이 되어야 한다는 그의 주장에 감명받았다고 말한 적이 있다. 공리주의자로서 밀의 기본 입장은 스승인 벤담의 근본 입장과 다르지 않다. 하지만 벤담의 공리주의가 '양적' 측면만을 강조함으로써 쾌락의 또 다른 가능성과 특성을 소홀했다는 비판을 받았는데, 이것은 밀의 '질적' 공리주의를 통해 보완된다. 우선, 밀의 공리주의의 일반적 특성부터 살피는 것으로 시작하자.

> 공리주의 윤리는 행위의 동기가 그 사람의 가치(성품)를 판단하는 데 도움이 될 수 있을지 모르지만, 행위의 동기와 그 행위의 도덕성 사이에는 아무런 관계가 없다고 주장한다. 공리주의에서 덕이란 행복의 증진과 관련된 문제이다. 공리와 최대 행복의 원리를 기초로 삼는 공리주의 이론은 어떤 행동은 그것이 행복을 증대하는 경향을 지니는 정도에 비례해 옳고, 그와 반대되는 경향을 지니는 정도에 비례해 옳지 않다고 본다. 행복이란 쾌락이며, 고통이 없는 상태이다.

밀은 칸트의 엄격한 동기와 의무 중심의 윤리 이론에 대한 비판과 함께 자신의 공리주의에 관한 입장을 '행복의 증진', 즉 벤담이 강조했던 최대 다수의 최대 행복이란 말로 구체화한다. 하지만 밀은 여기서 더 나아가 벤담의 공리주의가 한계로 지적받고 있었던 문제, 즉 양적 쾌락의 문제로 옮겨간다.

> 어떤 종류의 쾌락이 다른 어떤 종류의 쾌락보다 더 바람직하

고 가치 있다는 것이 공리주의 원리에 어긋나지는 않는다. 다른 것을 평가할 때 양은 물론 질까지 고려하면서 쾌락에 대해 오직 양만을 기준으로 해야 한다는 것은 설득력이 없다. 두 가지 쾌락을 모두 경험한 사람이 어느 한 가지를 더 선호한다면, 그것이 더 바람직한 쾌락일 수 있다. 즉 양의 많고 적음에 관계없이 질적으로 우월하다고 할 수 있다.

쾌락에서의 양은 물론, 질적 측면까지 고려해야 하는 이유에 대해 밀은 우리가 다른 여러 가지 것들을 평가할 때 양과 질을 고려하듯이 쾌락에서도 양과 질 양쪽 모두를 고려하는 것은 자연스러운 일이라고 주장한다. 이에 따라 그는 양적 또는 질적 쾌락을 모두 경험한 지성을 갖춘 사람이 질적 쾌락을 선호한다면, 그것은 쾌락에 관한 전문적 식견을 지닌 교양인의 관점이므로 추구될 만한 가치가 있다고 보는 것이 적절하다고 판단했다. 이들은 자신의 품위를 중시하는 사람들일 가능성이 높고, 따라서 자신의 손해나 희생을 감수하고서라도 사회 또는 인류 전체의 행복을 위해 행위 하는 것을 선호할 가능성 높으리라는 것이 밀의 논거이다.

쾌락과 관련해 모든 것을 종합할 때, 가장 적절하게 고려되어야 할 것은 인간으로서 지녀야 할 품위이다. 품위는 행복을 구성하는 필수 요소이며, 품위와 대립되는 것이 욕망의 참된 대상일 수는 없다. 만족해하는 돼지보다 불만족스러워하더라도 인간이 되는 것이 더 낫고, 만족해하는 바보보다 불만족스러워하더라도 소크라테스처럼 되는 것이 더 낫다. 바보나 돼지와 달리 소크라테스와 인간은 쾌락의 양쪽 모두를 잘 알고 있기(품위를 중요하게 여기기) 때문이다.

우리는 앞에서 공리주의의 토대가 되는 공리의 원리는 행위에 관련된(영향을 받는) 모든 사람의 행복을 고려한다고 했다. 밀 또한 고상한 인품과 품위, 즉 양심을 중요하게 여기는 사람은 "다른 사람의 소중한 어떤 것을 위해 자신에게 소중한 어떤 것을 희생할 수 있는 사람"이라고 말한다. 즉 행복이란 "행위자 자신만의 행복만이 아니라 관련된 모든 사람의 행복을 포함한다."라는 것이다. 밀은 교육받은 교양 있는 사람이라면, 우리 마음속에 있는 어떤 느낌, 또 그것(즉 양심)을 어기면 스스로 고통스러워하게 될 어떤 느낌, 나중에 후회하는 마음이 들게 되는 그런 느낌 때문에 공리주의적 덕을 갖춘 사람이라면 사회와 인류 전체의 행복을 위해 자신의 이익을 희생할 수 있다고 보았다.

한편, 밀은 인류와 사회의 발전은 인간의 정신이 한층 성숙해지는 과정을 통해 가능하리라는 믿음을 갖고 있었다. 그리고 이를 위한 인간의 정신적 성숙은 자유로운 토론과 개인의 다양성을 중시하는 교육, 구성원들의 기본적 자유를 보장함으로써 그 실현 가능성을 높일 수 있다고 보았다.

개인의 자유를 제한하는 일은 오직 한 경우, 즉 다른 사람에게 해악을 끼치는 행위를 막기 위한 목적으로 당사자의 의지에 반하는 힘을 행사하는 경우뿐이다. 이 경우만을 제외하고 개인의 자유를 침해하는 모든 권력 행사는 정당화될 수 없다. 또 침묵을 강요당하는 의견일지라도 진리일 가능성이 있고, 설령 그 의견이 틀릴지라도, 그것이 어느 정도는 진리일 수 있다. 일반적으로 진리라고 받아들여진 것이라고 해서 진지한 토론과 검증을 거치지 않고 받아들이게 되면 그것은 단지 하나의 편견이 될 수도 있다.

자유주의자인 밀은 개인의 자유는 타인에게 위해를 가하는 경우가 아니라면, 나머지 모든 자유는 보장되어야 한다고 강조했다(해악의 원리). 따라서 개인의 자유가 자기 자신에게만 영향을 미친다면, 그런 자유에 대해 정부가 간섭해서는 안 된다는 것이다. 개인은 자신의 몸과 정신에 대해 주권자이기 때문이다. 밀은 사회와 인류의 발전은 이러한 자유, 즉 기본권을 보장함으로써 가능하다고 보았다. 그는 사회의 발전과 진보는 각자의 다양성과 개인의 정체성에 대한 존중과 합리적 토론을 통해 가능하다고 보았는데, 이는 그의 『자유론』과 공리주의의 근본정신이기도 하다.

밀

- 벤담의 양적 공리주의 · 쾌락주의를 계승하면서 질적 공리주의를 강조함

- 쾌락에는 양적 차이는 물론, 질적 차이도 있음을 강조함

- 행위의 동기와 그 행위의 도덕성 사이에는 아무런 관계가 없음

- 양적 · 질적 쾌락에 관한 식견, 즉 교양과 지성을 갖춘 시민의 선호를 존
  중할 것을 강조함

- 인간의 내적 양심, 즉 품위를 중시하는 사람은 사회 전체의 이익을 위해
  자신의 이익을 희생할 수 있는 덕을 갖추고 있음

- 돼지나 바보의 쾌락보다 인간 또는 소크라테스의 행복이 가치 있음

- 사회와 인류의 발전은 개인의 다양성과 합리적 토론을 통해 가능함

16

키르케고르
S. A. Kierkegaard

"객관적인 지식이나 진리는 결코 나의 본래의 것이 아니다"

키르케고르(1813~1855)는 신앙심 깊은 크리스천이자 자수성가한 상인의 일곱 남매 중 막내아들로 태어났다. 하지만 축복이어야 할 그의 출생은 비극적이었다. 왜냐하면 당시 덴마크의 교회법은 재혼을 금지하고 있었는데, 아버지는 재혼이었고, 그의 어머니는 집안의 하인이었기 때문이다. 신앙심 깊은 아버지의 죄의식은 항상 그를 따라다녔고, 심지어 이런 사정을 모르는 어린 키르케고르에게 '소리 없이 조용히 사라질 아이'라는 회한(뉘우치고 한탄함)의 말을 자주 했다고 한다. 이 때문에 키르케고르는 그의 아버지에게 지울 수 없는 죄책감이었다. 여기에 그의 여섯 형제자매 중 다섯이 그가 성인이 되기 전에 모두 죽었다. 이를 두고 그의 아버지는 신을 저주하는 말을 자주 했고, 키르케고르는 신의 저주가 자신에게 내려진 것이라 믿고 자신을 책망했다. 그의 아버지는 82세까지 살면서 자식들의 죽음을 지켜봐야 하는 벌을 받았다.

아버지의 죄의식이 깊어질수록 신앙심은 더욱 깊어졌고, 키르케고르는 그 영향으로 집안의 드리운 어두운 죄를 자신이 짊어지고 씻어내겠다는 마음으로 신학을 공부했다. 정신적 혼돈의 시기에도 키르케고르에게 사랑은 찾아왔고, 마침내 레기네 올센과 약혼을 하기에 이른다. 하지만 키르케고르는 자신 또한 가족에 대한 신의 저주로 오래 살 수 없다는 믿음을 갖고 있었고, 그렇기 때문에 진심으로 사랑하는 약혼녀를 불행하게 만드는 것은 참된 사랑이 아니라 생각하고 스스로에게 파혼이라는 형벌을 내린다. 키르케고르가 온전한 성인이 되어 파혼을 후회했지만, 그는 사십 대 초반의 젊은 나이에 삶을 마감했다.

우리의 일반적인 상식이나 가치관을 가지고 키르케고르가 생각했던 것들, 또 그가 선택했던 것들을 제대로 이해하기란 어려울지 모른다. 그와 관련된 이런 모든 과정이 어떻게 보면 합리적이지도 않고, 과학적이지도 않으며, 객관적이거나 보편적이지도 않기 때문이다. 하지만 키르케고르를 실존주의의 선구자로 만든 것은 바로 이와 같은 실존적 상황에서 그가 스스로 내린 자신의 주관적(주체적) 선택과 결단의 결과 때문이다. 합리적·논리적으로 설명되거나 이해될 수 없는 '신의 저주'나 아버지와 가족에게 내려진 '운명의 힘' 같은 논리는 근대의 합리주의적이고 이성주의적 관점에 근거한다면, 받아들여지기 어려운 것들이다. 하지만 키르케고르는 자신의 불안과 절망을 신을 향한 참된 신앙을 선택함으로써 극복하고자 했다.

객관적 진리를 발견한다고 해서 그것이 무슨 소용이 있겠는가? 그 속에 내가 살고 있지 않는데. 객관적인 것은 결코 나의 본래의 것이 아니다. 내 실존의 가장 깊은 근원과 관계있는 것, 즉 나를 신적인 것과 관계하게 하는 것. 우리는 무엇보다 먼저 자기 자신을 알아야 한다. '너 자신을 알라.' 우리는 자신을 내면적으로 이해하고, 자신의 길을 발견했을 때 인생에서 평온과 의미를 얻을 수 있다.

우리는 젊은 시절 키르케고르가 쓴 위의 일기를 통해 그의 실존주의의 핵심을 파악할 수 있다. 그것은 나(주관성, 주체성)와 상관이 없는 객관적 진리가 아니라 '나에게 진리'인 진리를 찾고자 애쓰는 것, 즉 나를 참된 나로서 나 자신이 되게 하는 이념을 발견하는 것, 그것이 그의 실존주의의 출발점이자 중심(즉, '주체성이 진리임')을 이루고 있다.

키르케고르는 우리가 자신의 참된 실존을 향하여 더 높은 단계로 질적인 도약을 하는 과정을 세 단계로 묘사한다. 첫 단계는 감각적 쾌락을 좇아 살아가는 심미적 실존의 단계이고, 다음 단계는 쾌락을 추구하다가 절망에 이르게 되는 실존이 자신의 실존을 자각하고 규범에 충실한 삶을 살아가려는 윤리적 실존의 단계로 비약하는 것이다. 하지만 윤리적 규범을 따르는 윤리적 실존 또한 자신의 불완전성과 자신이 죄인임을 깨닫고 절망하게 되는데, 이로써 실존은 세 번째 단계인 종교적 단계로 질적인 도약을 하게 된다. 이 단계에서 실존(인간)은 자신의 힘으로 살려고 하지 않고, 모든 것을 신에게 맡기고, 신의 명령에 따라 살아가고자 한다. 신에 대한 참된 사랑을 통해 인간은 비로소 참된 실존(즉 자신)이 되는 것이다.

> 심미적으로 산다(즉 미적인 삶)는 말은 삶이 자신의 힘을 통해 정립되지 않은 방식으로 놓여 있다는 것이다. 이 단계에서 인격은 정신적인 것으로서가 아니라 육체·감각적인 것으로 규정되어 있어 욕망에 따라 살라는 권고를 받는다. 그렇기 때문에 심미적 인생관의 최종적인 모습은 절망 그 자체이다.

> 윤리적 실존에서 인간은 윤리가 이끄는 삶을 살아간다. 이 단계에서는 자신이 이상이고, 목적이다. (윤리적 단계에서 인간은 이성에 따라 행위의 표준들을 인식하고 수용한다. 도덕법칙들은 윤리적 인간의 삶에 형식과 일관성을 제공한다. 하지만 윤리적 인간은 자신의 능력으로는 도덕법칙의 요구를 충족시킬 수 없다는 것을 깨닫고 죄의식과 절망에 이르게 된다.)

감각적 욕구가 지배하는 심미적 단계로부터 이성이 지배하는 윤리적 단계로 상승한 실존은 자신의 절망을 극복하기 위한 질적 도약을 하는데, 키르케고르는 이것을 종교적 단계의 실존으로 제시한다. 그에 따르면, 이성에 따라 도덕법칙의 요구를 완수하려고 애를 쓰지만 자기 능력이 그것에 미칠 수 없다는 것을 깨달은 윤리적 실존은 신 앞에서 늘 죄를 저지르게 되고, 절망한다. 키르케고르는 도덕·윤리적 영역에서 종교적 영역으로 상승하는 과정을 신이 아브라함에게 아들 이삭을 제물로 바치라고 명령하는 성서의 이야기를 통해 생생하게 묘사한다. 소크라테스가 보편적 도덕법칙을 위해 자신의 삶을 바쳤다면, 아브라함은 신의 명령에 복종하여 오히려 도덕법칙을 위반하는 선택을 한다.

> 신(하느님)은 아브라함의 신앙을 시험하기 위해 "사랑하는 네 아들 이삭을 데리고 모리아 땅으로 가서, 내가 알려주는 산에 올라가 제물로 바치라."라고 이른다. 아브라함은 이에 따라 나뭇단을 놓고 이삭을 묶은 다음, 제물로 바치기 위해 칼을 든다. 그 순간 신은 "아이에게 손대지 말라. 어떤 해도 가하지 말라."라고 말한다.

신이 아브라함에게 멈출 것을 명령한 이유는 그의 종인 아브라함이 자신에 대한 신앙에 따라 복종하는 모습을 보았기 때문이다. 이처럼 우리들 각자는 자신이 치르는 싸움에 따라 그 위대함이 결정된다. 자기 쟈신과 싸우는 자는 자신을 이겨냈을 때 위대해진다. 키르케고르는 종교적 실존의 단계에서 가장 이상적인 모범을 제시해 주고 있는데, 그것은 신의 뜻에 따라 자신을 이겨낸 아브라함의 경우이다. 아브라함의 행동은 오직 신의 뜻을 따르려는 의무의 무한한 이행, 즉 신앙에 나온 행동이다. 키르케고르는 절대자와의 절대적 관계를 위해 주체로서 실존은 윤리적인 것과의 결별을 감수할 수 있는 신앙인이어야 한다고 보고, 이를 '신 앞에서 선 단독자'로 제시한다. 신 앞에 선 단독자란 각자는 자신의 운명을 스스로 개척하고 책임져야 한다는 의미에서 주체성(주관성)과 독립성을 강조하는 말이다. 키르케고르는 신 앞에 선 단독자가 됨으로써 우리는 불안과 절망을 극복하고 참된 실존을 회복할 수 있다고 주장하고 있다.

키르케고르 실존주의의 유명한 명제, 즉 "주체성이 진리다."라는 실존적 상황에서는 객관성이 진리가 아니라 오직 주체성(주관성)만이 답을 줄 수 있으므로 진리는 개별적(주관적)이고 주체적이라는 말이다. 키르케고르는 실존적 상황, 즉 선택의 상황에서 인간은 불안을 느끼게 마련이지만, 이때 주체적 결정을 회피하면서 절망에 이르게 되면 그것이 '죽음에 이르는 병'이 될 수 있다고 보았다. 그는 이러한 불안과 절망을 극복하고 참된 실존의 회복을 위해서는 '신 앞에 선 단독자', 즉 참된 신앙인으로서 생각하고 행동할 것을 강조하고 있다.

키르케고르

- '주체성이 진리다.': 실존적 상황에서는 객관성이 아닌 주체성만이 답을 제시할 수 있음

- 진리는 개별적(주관적)이고 주체적인 것임

- 실존적 상황, 즉 선택의 상황에서 불안과 절망은 '죽음에 이르는 병'임

- 참된 실존에 이르는 단계: 심미적 단계 – 윤리적 단계 – 종교적 단계

- 불안과 절망의 극복을 위해 '신 앞에 선 단독자', 즉 참된 신앙으로서 삶을 강조함

사르트르
J. P. Sartre

**"인간은 스스로가 기획하는 그 무엇이며, 스스로가 원하는
그 무엇일 뿐이다"**

사르트르(1905~1980)는 우리에게 평생 반려자였던 보부아르
(1908~1986)와 51년 동안 계약 결혼의 삶을 유지했던 철학자, 1964
년 노벨상 수상자로 결정되었지만 제도 속에 편입되기를 원하지 않는
다는 이유로 수상을 거부한 철학자로 더 잘 알려져 있다. 어쩌면 여기
에 추가되어야 할 한 가지가 더 있는데, 그것은 그의 어머니 안네 마
리 슈바이처가 아프리카에서 의사로 활동한 알베르트 슈바이처와 사
촌이라는 사실이다.

사르트르와 보부아르는 철학 교수 자격시험에서 수석(1등)과 차석(2
등)을 차지한다. 시험을 치르기 전 극장에서 함께 영화를 본 사르트르

와 보부아르는 사르트르의 제안에 따라 1929년 동거를 시작하기로 했는데, 이후 두 사람은 사르트르가 죽을 때까지 51년 동안 제도적 결혼식이 아닌 계약 결혼의 방식을 유지하며 서로에 대해 평생의 반려자가 된다. 그것은 부르주아적인 제도적 결혼에 대한 두 사람만의 저항 방식이었다.

제2차 세계 대전으로 군에 징집된 사르트르는 곧 독일군의 포로가 되었지만, 눈이 사시인 관계로 민간인들과 함께 석방되었다. 사르트르는 포로수용소에서 하이데거(1889~1976)의 글을 읽고 친구들과 가톨릭 성직자들에게 설명하는 등 그로부터 결정적 영향을 받은 것으로 알려져 있다. 사르트르 실존주의의 주요 개념인, '부조리하게 실존으로 내던져져 있음', '미래를 향해 기투함', '무(無)' 등은 하이데거로부터 영향을 받은 것으로 알려져 있다. 석방 후 그는 독일군에 저항하는 레지스탕스 운동에 참여하는 한편, 독일군의 집단적 만행을 고발하는 활동을 한다.

한편, 두 사람은 마르크스주의의 영향을 받아 공산주의에 긍정적인 활동은 했지만, 공산당원으로 활동하지는 않았다. 그 이유는 자신들이 부르주아 출신이고, 공산주의가 자유로운 비판이나 삶을 허용하지 않는다고 보았기 때문이다.

사르트르의 주요 저서로 『구토』(1938), 『존재와 무』(1943), 『실존주의는 휴머니즘이다』(1946) 등이 있으며, 우리에게 가장 익숙하고, 그의 실존주의를 가장 쉽게 표현하고 있는 것은 『실존주의는 휴머니즘이다』이다. 이 책에서 가장 먼저 우리의 눈길을 끄는 말은 다음과 같은 그의 문제 제기이다. "어린아이는 꾸짖을수록 예의 바르게 자라고, 오냐오냐할수록 버릇없게 자란다는 격언이 있는데, 이것이야말로 가장 우울하다. 왜냐하면 이것은 기존의 권력에 맞서거나 저항하지 말라는 뜻이기 때문이다." 사르트르는 그런 다음 인간이란 어떤 존재이고, 어떤 존재여야 하는지에 대해 분명하게 선언한다.

> 인간은 무엇보다 미래를 향해 스스로를 던지는 존재이며, 미래를 향해 자기 자신을 던지는 일을 의식하는 존재이다. 인간은 주체적으로 삶을 살아가는 기투(企投)적 존재이다. 인간은 스스로를 선택하는 존재이다. 실존은 본질에 앞선다. 인간은 인간 스스로가 구상(기획)하는 그 무엇이며, 또 인간 스스로가 원하는 그 무엇일 뿐이다.

사르트르는 인간에게는 본질이 실존에 앞서는 것이 아니라, 실존이 본질에 앞선다는 말을 통해 인간과 사물은 분명히 다른 존재임을 밝힌다. 즉 인간에게는 인간을 창조한 신이 존재할 수 없고, 그렇기 때문에 인간은 우연히 세계에 내던져진 존재이다. 하지만 사물, 예를 들어 종이를 자를 때 사용하는 가위는 맨 처음 그것을 구상하고, 그것을 어떻게 만들 것인지를 설계한 '창조자'가 존재했고, 그에 따라 질서 있게 규정된 본질대로 제조된(만들어진) 것일 뿐이다. 이 점에서 인간과 달리 사물에는 그것의 본질을 규정한 창조자가 존재한다. 반면, 인간은 신(神)과 무관하게 세계에 내던져진 존재이므로 '아직 그 무엇이 아닌 존재'이다. 따라서 인간은 가능성 그 자체이고, 자신의 과거를 부정하면서 끊임없이 미래를 향해 자신을 창조해 나가는 존재이다. 즉 인간은 '현재 있는 상태로 있지 않으려고 하는 존재'이며, 자신의 선택을 통해 자신의 의미를 스스로 만들어가는 자유로울 수밖에 없는 존재이다.

> 인간은 자유롭도록 선고받았다. 왜냐하면 그 자신이 세계 속에 던져진 이상, 인간은 자신이 하는 모든 것에 대해 책임이 있기 때문이다. 인간은 자신을 이끌어갈 어떤 방향이나 이정표도 갖고 있지 않으므로 매 순간 스스로를 발명하도록 선고받았다. "인간이 인간의 미래이다." 인간에게는 인간이 만들어가야 할 미래만이 있는 것이다. 그렇지만 인간은 홀로 남겨진 존재이다.

사르트르에 의하면, 신이 없는 세계에서 인간은 자유이다. 왜냐하면 우리가 어떤 생각을 하고 어떤 행동을 해야 하는지, 또 우리의 행동을 정당화할 어떤 절대적 존재나 가치 질서를 발견할 수 없기 때문이다. 결정론이 성립할 수 없는 이 세계에서 우리는 자유다. 마찬가지로 세계 또한 어떤 구조나 질서가 없는 세계이며, 이 세계 안에서 인간은 아무런 이유도 없이 던져져 존재하는 것이다. 그렇기 때문에 자유롭도록 선고받은 인간에게는 모든 선택(결단)이 가능하며, 또한 그에 따른 책임은 전적으로 그의 몫이고, 책임은 사회적 책임까지를 포함한다. 왜냐하면 인간은 언제나 하나의 상황 속에서, 즉 타자와의 관계 속에서 행위를 할 수밖에 없기 때문이다. 따라서 우리(개인)는 자신의 모든 행위에 대해 책임을 지는 방식으로 사회에 참여하며, 이 과정에서 자신을 만들고 창조해 나가는 존재이다. 자신의 가치를 창조한다는 말은 자신을 운명이나 신비한 힘에 내맡긴다는 의미의 불성실과 자기기만이라는 죄악을 부정하는 행위와 관련된다.

> 예술과 도덕의 공통점은 창조와 발명이라는 특성에 있다. 우리가 무엇을 해야 할 것인지에 대해 선험적으로 결정된 것이란 아무것도 없다. 인간은 스스로 만들어 가는 존재이지, 이미 만들어진 어떤 존재(사물)가 아니기 때문이다. 인간은 자신의 도덕을 선택하면서 스스로를 만들어 간다. (실존주의는) 인간을 목적으로, 인간을 최상의 가치로 삼는 휴머니즘이다. (실존주의는) 주체성으로서 휴머니즘이다. 인간은 자신을 넘어 자신을 기투함으로써 실존한다.

인간을 '자유로울 운명'으로 정의하는 사르트르는 이와 관련해 유명한 하나의 일화를 제시한다. 프랑스인이면서 독일 나치에 협력하는 아버지, 독일의 침략으로 죽은 형, 형의 원수를 갚고자 하는 '나(상담받는 학생, 주체)', 나만을 바라보며 살아가는 어머니. 그렇다면 이런 상황에서 무엇을 해야 할지 고민하며 상담받는 학생('나')에게 어떤 선택과 결단이 최선인지를 안내할 도덕 이론은 무엇인가? 크리스트교를 따르게 되면, 원수를 사랑하라는 가르침에 위배된다. 칸트를 따르게 되면, 인간을 목적 그 자체로 대해야 하지만, 누군가를 수단으로만 대하지 않으면 안 된다. 결국 우리는 단 하나의 대답만을 할 수 있다. "자네는 자유롭네, 그러니 선택하게. 발명하게."라는 것이다.

사르트르에 의하면, 삶에 관한 절대적 이정표가 없는 세계에서 우리가 할 수 있는 최선은 자신이 놓인 실존적 상황에서 끊임없이 자신을 기투[앙가제(engagement)]함으로써 자신을 형성하는 것이다. 그의 실존주의는 주체성과 책임성, 그리고 기투라는 참여와 성실성을 강조하는 이론이다. 인간은 홀로 남겨진 상태에서 스스로를 선택하는 존재이기 때문이다.

사르트르

- "실존은 본질에 앞선다.": 인간에게 주어진 본질이란 없음
- 인간의 본질을 규정할 신은 존재하지 않음
- 인간은 자유롭도록 운명지어진 존재임
- 인간은 이 세계에 우연히 내 던져진 존재임[피투(被投)]
- 인간은 스스로 선택하고 책임지는 존재임[기투(企投)]: 주체성과 책임성, 성실
- "실존주의는 휴머니즘이다."
- 각자의 선택은 사회적 책임을 포함함

18

퍼스
C. S. Peirce

제임스
W. James

듀이
J. Dewey

제임스　퍼스　듀이

> **"개인이나 집단은 고정된 결과가 아니라 움직이고 있는 방향에 의해서 판단되어야 한다"** 듀이

　우리에게 실용주의로 알려진 미국의 프래그머티즘(pragmatism)은 영국의 경험주의와 공리주의 전통, 그리고 진화론의 영향을 크게 받은 사상이다. 이에 따르면, 인간은 본래 자연 및 환경 속에서 삶을 살아가는 존재로, 환경의 자극에 반응하기도 하지만 환경에 능동적으로 작용하는 존재이기도 하다. 진화론적 관점에서 인간 사회를 이해하게 되면, 인간과 환경 사이의 이와 같은 연속적인 과정이 인간과 사회를 지속적인 성장과 진보로 이끈다는 입장에 서게 된다. 이 점에서 프래그머티즘은 끊임없는 변화와 성장을 강조하는 열린 세계관을 갖고 있다고 할 수 있다. 그도 그럴 것이 프래그머티즘은 미국 사회가 농경

사회에서 산업 사회로, 종교적 가치에 기초한 사회에서 과학적 세계 관에 기초한 사회로 변화하는 시기에 등장한 사상이다. 즉 당시 변화 하고 있던 미국 사회의 요구를 반영하고 있는 사상이라는 의미이다.

퍼스(1839~1914)는 처음으로 '프래그머티즘의 준칙'이라는 말을 다음과 같이 사용한다. "다른 모든 성질과 마찬가지로 실재하는 것 의 성질은 그것이 산출할 수 있는, 그리고 감각할 수 있는 고유한 결 과에 의해 결정된다." 즉 우리가 갖고 있는 관념(개념)은 그것이 실제 행위로 옮겨졌을 때(조작되었을 때) 우리가 관찰할 수 있는 결과로 입 증될 수 있어야 한다는 뜻이다. 예를 들어 '설탕의 용해성'이라는 관 념이 참 또는 거짓인지는 설탕을 실제로 물에 녹였을 때(조작했을 때) 일어나는 반응에 대하 우리의 감각적 경험을 통해 명확하게 판명된다 는 것이다.

이에 근거해 퍼스는 "지식이란 행위이고, 실천이 곧 아는 것"이라고 하면서, 이것이 '프래그매틱'의 의미라고 했다. 어떤 개념이 올바로 사 용되고 있는지는 그 개념이 가리키는 바가 실험적으로 검증될 수 있어 야 한다는 뜻이다. 퍼스는 우리의 신념은 고집이나 권위, 선험적 · 관 념적 방법에 의해서가 아니라 과학적 방법에 기초해야 한다고 주장하 면서, 그렇게 형성된 신념일지라도 그것은 '틀릴 수도 있다, 그럴지도 모른다.'라는 확률적 진리, 즉 '오류 가능성'에 대해 열린 마음을 지녀 야 한다고 강조했다.

한편, 제임스(1842~1910)는 프래그머티즘의 성격을 '현금 가치'라는 용어로 명쾌하게 제시했다. 그에게 프래그머티즘이란 고정적이고 절대적인 진리에 대한 확신이 아니라 문제 상황을 해결하기 위한 방법이자 도구이다. 따라서 어떤 관념이 비슷한 상황에서 문제 해결을 위한 만족스러운 도구가 되어 준다면, 그것은 '현금으로서 가치'를 지닌다고 할 수 있다.

> 프래그머티스트(pragmatist)들은 추상적인 것, 선험적 이성, 고정된 진리, 절대자 또는 근원 등과 같은 개념을 중요하게 생각하지 않는다. 프래그머티스트들은 구체적이고 분명한 것, 사실, 행동, 힘 등을 중요하게 생각한다. 프래그머티스트들은 경험주의자적 성향이 강한 대신, 합리주의자적 성향을 포기한다. 프래그머티즘은 어떤 특정한 결과를 옹호하려는 것이 아니라 단지 방법일 뿐이다. 이론이란 해답이 아니라 도구이다. (그것은) 책 속에서 용어들이 지닌 현금 가치를 뽑아내는 일이며, 그 용어가 우리의 경험 속에서 작동하게 하는 일이다.

이처럼 제임스에게 진리란 '도구로서 진리'이다. 그것은 우리의 노동을 단순하게 해 주고, 노동을 절약하게 해 주며, 우리의 경험이 만족스러운 것이 되도록 해 준다. 프래그머티스트들은 어떤 관념이나 개념이 문제 해결에 도움을 주는 한, 그것은 진리로서 가치를 지니며, 그것은 또한 개인과 사회에 대해서도 유용하며, 사회를 개선하도록 촉진하는 데에도 도움을 준다고 본다. 제임스의 표현처럼 "진리는 참이기 때문에 유용하며, 유용하기 때문에 진리"인 것이다. 예를 들면, "여기 소 발자국을 따라가면 농가가 나타날 것이다."라고 생각했을 때, 이 생각은 그 자체로서는 아무런 의미가 없다. 그런데 실제로 소발자국을 따라간 결과, 즉 '검증화 과정'을 실행해 본 결과 실제로 농가가 나타났다면 그 생각은 참이 된다. 이와 같은 맥락에 따라 종교적 관념 또한 그것이 우리의 구체적인 삶에 도움이 된다면(유용하다면, 현금 가치를 지닌다면), 그것은 진리로서 가치를 지닌다고 할 수 있다.

우리에게 가장 많이 알려진 프래그머티스트는 듀이(1859~1952)이다. 듀이 또한 지식은 그 자체로서 목적이 아니라 우리가 직면한 문제들을 해결하는 데 유용한 수단 또는 도구이며, 그러한 기능을 할 때 지식으로서 가치를 지닐 수 있다고 보았다. 듀이는 자신의 관점을 '도구주의'로 명명하는데, 이때 도구란 유기체가 환경에 적응하기 위해 활용하는 모든 것을 말한다. 다시 말하면, 인간은 자기 앞에 내던져진 문제 상황으로서 장애물들을 극복 또는 해결하고자 탐구 활동, 즉 '지성의 창조적 활용'을 하게 되는데, 도구란 이때 활용되는 모든 것을 말한다. 이 과정에서 관념(지식)들은 문제 해결에 도움이 되는지 비판적으로 검토 및 수정을 거치게 되고, 새로운 '도구'에 의해 대체되기도 한다. 또 이런 과정을 거치면서 지식은 개인은 물론, 사회의 성장과 진보에 기여하게 된다.

　듀이는 지식에 대한 이와 같은 관점을 도덕적 선 또는 악에 대해서
도 적용하는데, 그것은 우리가 환경과의 상호작용 속에서 끊임없이
지식을 재구성하는 것처럼, 행동 또한 환경과의 상호작용 속에서 '습
관'을 형성하며 변화(개선)하게 되는데, 그는 이것을 '자아의 형성'과
변화로 이해했다. 즉 그에게 도덕적 삶이란 유연하고 생생하며, 성장
하는 삶이다.

> 어떠한 개인이나 집단도 고정된 결과에 도달했는지 아니면
> 도달하지 못했는지에 의해 판단되어서는 안 되며, 그들이 움
> 직이고 있는 방향에 의해서 판단되어야 한다. 나쁜 사람이란
> 지금까지 아무리 그가 좋은 사람이었다고 할지라도 지금 타
> 락하고 있거나 선을 상실해 가고 있는 사람이다. 반면, 좋은
> 사람이란 그가 지금까지 도덕적으로 무가치한 사람이었다고
> 할지라도 점점 나아지고 있는 방향으로 움직이고 있는 사람
> 이다. 우리는 이로써 자신에게는 엄격한 사람이 되고, 타인에
> 게는 인간적인 사람이 되는 것이다.

　따라서 듀이의 도덕에서 중요한 것은 최종적 목표로서 완성이 아니
라 성숙해지고, 다듬어지고 있는 과정이며, 고정된 목표의 실현이 아
니라 경험의 질적인 방향성이다. 그에게 도덕이란 성장 자체이며, 이

것이 도덕의 유일한 목적이기 때문이다. 성공이란 앞으로 나아가는 것으로 능동적인 과정이며, 장애를 극복하고 결함과 악의 근원을 없애가는 과정인 것이다. 마찬가지로 교육이란 것도 지식이나 기술의 습득(획득)에 있는 것이 아니라 단지 성장하고 있느냐에 달려 있다. 듀이가 일관되게 강조하고 있는 것은 경험에 의한 인간과 사회의 질적인 변화와 성장 및 개선이다. 이런 맥락에서 볼 때, 도덕·윤리란 시대나 상황에 따라 변화하고 성장하는 것이므로 고정적이고 절대적인 가치나 윤리는 존재할 수 없게 된다.

실용주의(도구주의, 프래그머티즘) 사상은 가치의 다양성을 강조하고, 지식의 오류 가능성을 인정하는 열린 태도, 그리고 인간의 성장과 사회의 진보 가능성에 대한 믿음이라는 장점에도 불구하고, 비도덕적 행위가 경우에 따라 정당화될 수 있는 여지를 남겨놓았다는 비판과 객관적이고 절대적 진리를 부정할 수 있다는 비판을 받기도 한다.

◆ 실용주의:

퍼스, 제임스, 듀이

- 지식이란 행위이고, 실천이 곧 아는 것임
- 관념의 실제적 조작에 의한 감각적 결과와 오류 가능성 강조
- 지식은 그 자체로서 가치를 지니는 것이 아니라 '현금 가치'를 지녀야 함
- 진리·지식이란 절대 불변이나 고정적인 것이 아니라 우리의 실생활을 이롭게 하는 것이어야 함
- 지식은 자신은 물론, 사회와 세계를 개선하기 위한 도구임

- 지식은 우리가 직면한 문제의 해결을 위한 유용한 수단(도구)임: 지성의 창조적 활용 강조
- 도덕에서 중요한 것은 성숙해지고, 다듬어지고 있는 과정이며, 고정된 목표의 실현이 아니라 경험의 질적인 방향성임
- 도덕적 삶이란 유연하고 생생하며, 성장하는 삶을 말함

홉스
T. Hobbes

"각자는 평화를 얻을 수 있다는 희망이 있는 한, 평화를 추구해야 한다"

홉스(1588~1679)와 관련해 가장 널리 알려진 별명은 '칠삭둥이', '공포와의 쌍생아'이다. 이것은 스페인의 무적함대가 영국 서남부 맘스베리로 침략한다는 소문에 놀라 그의 어머니가 임신 칠 개월 만에 조산했기 때문에 붙여진 것이다. 논리적 연관성은 없지만, 홉스가 '리바이어던' 아래에서의 평화를 주장한 것, 즉 견디기 어려운 공포보다 절대군주 아래에서 평화와 안전을 주장한 것과 묘하게 상통하는 지점이 있다. 홉스의 아버지는 목사였지만 학식이 깊지는 않았고 다혈질적인 인물로 알려져 있다. 그는 지역의 다른 목사와 싸웠고 급기야 그를 죽음에 이르게 했다고 한다. 이 사건으로 홉스의 아버지는 교회에서 쫓겨났고, 가족과 마을을 버리고 떠나버린 것으로 알려져 있다. 홉스는 운이 좋게도 부유한 큰아버지의 도움으로 대학까지 졸업하게 되었다고 한다. 라틴어와 문학을 잘했던 홉스는 졸업 후 영국을 떠나 귀족 가문의 제자를 데리고 프랑스와 이탈리아 등을 여행했고, 돌아와서는 약 십 년(1613~1622) 동안 우리가 익히 알고 있는 베이컨이 대법관으로 있을 때 그의 개인 비서로도 일한 것으로 전해진다.

홉스의 정치사상을 이해하는 데 도움이 될 수 있는 당시 영국 상황을 좀 더 간략히 살펴보자. 제임스 1세(1566~1625. 스튜어트왕조, 영국 국교를 강제하여 청교도와 대립, 절대 왕정 유지를 위해 엘리자베스 여왕보다 7배 많은 왕실 경비를 낭비함)는 왕권신수설을 바탕으로 정책을 폈기 때문에 의회와 갈등 관계에 있었고, 그의 아들인 찰스 1세(1600~1649, 청교도 탄압 및 의회와 잦은 충돌, 권리 청원을 승인한 후 전제 정치를 행하다 청교도 혁명으로 처형됨)는 의회를 소집하지 않고 측근들만으로 정치를 하는 등 제임스 1세보다 더욱 노골적으로 독단적인 정치를 했는데, 이를 계기로 의회와의 갈등이 직접적으로 표출되기에 이른다. 이것이 '청교도 혁명(1642~1649)'이다.

혁명의 결과 크롬웰이 이끄는 의회파가 왕당파를 몰아내고 집권에 성공하여 공화정을 실시했지만, 크롬웰이 죽자[1660, 스스로 호국경 (護國經, 혁명정권의 최고 행정관이자 입법과 행정 등에서 절대적 권한을 가진 자)이 되어 모든 정치를 주관하는 독재 정치를 함] 프랑스에 망명했던 찰스 2세가 집권함으로써 다시 왕정으로 되돌아가게 된다(1660, 왕정복고). 우리에게 가장 널리 알려진 홉스의 『리바이어던』 (1651)은 당시 영국의 이러한 정치적 배경과도 무관하지 않은 것으로도 해석할 수 있다. 즉 정치·사회적 혼란기였던 배경 속에서 홉스 자신이 속해 있던 왕당파의 견해와도 관련된 것으로 볼 수 있다. 이제 리바이어던을 중심으로 '자연 상태'와 '사회계약론'에 기초한 그의 정치 사상을 간략히 보기로 하자.

홉스의 대표적인 저작 중 하나인 『리바이어던』(1651)의 표지는 주권자의 절대 권력을 주장하는 그의 사상을 매우 상징적으로 잘 드러내고 있다. 리바이어던의 머리 위에 새겨진 라틴어는 "지상에서 이보다 더 강한 자는 없다. 누가 그와 겨루랴."라고 쓰여 있다. 왕관을 쓰고 있는 그의 몸은 수많은 사람들로 이루어져 있고, 그 왼쪽 아래에는 정비된 도시들과 포성을 멈춘 전쟁 무기들이 놓여 있다. 또 오른쪽 아래에는 교회의 권위를 상징하는 주교의 모자가 놓여 있고, 종교 간 갈등을 보여주는 그림이 있다. 이것은 성(聖)과 속(俗)이 리바이어던이라는 절대 권력 아래에서 비로소 평화와 질서가 확립될 수 있음을 보여준다.

홉스는 통치에 관한 자신의 주장을 자연 상태로부터 시작한다. 이에 따르면, 자연 상태에서 각 개인이 갖고 있는 정신적·육체적 능력은 대체로 평등하며, 그렇기 때문에 자신의 목적을 성취할 수 있으리라는 희망 또한 대체로 평등하다. 이 때문에 서로 다른 두 사람이 서로 같은 것들을 원하지만, 그것이 두 사람 모두를 충족할 수 없는 경우, 두 사람은 서로에 대해 적이 될 수밖에 없게 된다. 이렇게 되면, 본성적으로 자기 보존 욕구를 지닌 개인들은 서로에 대해 경쟁할 수밖에 없고, 서로에 대한 불신 때문에 먼저 공격하지 않으면 안 되는 상황에 놓이게 된다. 이에 대해 주위로부터 칭찬이나 인정받고 싶은 욕망 때문에 다른 사람이 자신을 조금이라도 경멸하게 되면 원한을 품게 된다. 결국 각 개인은 자연 상태에서 서로에 대한 경쟁과 불신, 그리고 공명심 때문에 서로에 대해 적대적일 수밖에 없는 상황에 놓이게 될 수밖에 없다는 것이 홉스의 가설이다.

> 자연 상태에서 인간(각 개인)은 만인의 만인에 대해 투쟁 상태에 놓이게 된다. 두 사람이 동일한 대상을 소유하고 싶은 욕구를 지니거나 그 양이 충분하지 못해 서로 만족할 수 없을 때, 두 사람은 적이 될 수밖에 없다. 이들은 자기 보존이라는 목적을 위해 서로를 굴복시키거나 파괴하려고 노력한다. 그러므로 자신을 위협하는 힘이 더 이상 없다고 판단할 때까지 모든 사람을 지배하려는 것은 자연스럽다.

이처럼 자연 상태에서 인간은 본성적으로 이기적인 욕망과 정념의 지배를 받으므로 자신의 생존을 위해서는 다른 사람과의 전쟁도 서슴지 않으며 폭력적일 수 있다. 이 때문에 홉스에 의하면, 자연 상태에서 인간의 삶은 고독하고, 빈곤하며, 잔인하고, 짧다. 하지만 인간은 자기 보존을 위해서라면 이러한 고립적 상황에서 기꺼이 벗어나려고 애쓰게 된다는 것이 홉스의 논리이기도 하다.

> 각 개인은 평화를 얻을 수 있다는 희망이 있는 한, 그것을 추구해야 한다. 가혹한 전쟁 상태에서 벗어날 수 있는 가능성이 존재하는데, 하나는 죽음에 대한 공포와 삶에 필요한 것을 획득하려는 욕망과 희망의 정념이고, 다른 하나는 각 개인이 서로 합의할 수 있는 적절한 평화의 규약, 즉 자연법이다. 자연법은 이성이 발견한 원리 또는 일반적 규칙이다. 각자(인간)는 이에 따라 생명을 파괴하는 힘이나 생명 보존을 위해 중요한 수단을 박탈하는 행위를 더 이상 하지 못하도록 제지당하게 된다.

이처럼 공통 권력이 없는 자연 상태에서는 법도 없고, 법이 없으므로 불의(불법)도 존재할 수 없고, 자기 보존 욕구를 무제한적으로 추구하려는 자연권만이 지배하게 된다. 그리고 이런 비참한 상황에서 벗어날 수 있는 계기는 희망의 정념과 이성이 발견한 자연법에 의해서이며, 이에 따라 각자는 자연권에 대한 상호 동등한 양도에 합의하게 되고, 이로써 공통의 권력(강제력)을 설립하게 된다.

> 평화를 추구하라(제1자연법). 평화와 자기 보호를 위해 필요하다고 판단하면, 모든 것에 대한 권리를 다른 사람과 똑같이 포기하라(제2자연법). 각 개인은 자신들이 맺은 신약을 반드

시 이행하라. 국가가 없는 곳에 소유권도 없다(제3자연법). 코먼웰스(국가)란 다수의 사람들이 상호 신의 계약을 체결하여 세운 하나의 인격이며, 그들 각자가 그 인격이 한 행위의 본인이 됨으로써 자신들의 평화와 공동 방위를 위해 모든 사람의 힘과 수단을 그(국가)가 사용할 수 있게 한 것이다.

이처럼 홉스에게 국가란 신의 계약에 참여하는 다수의 개인들이 모여 체결한 결과이고, 이들의 합의에 따라 모든 사람의 권한을 양도받은 것이 대표자(즉 주권자)이다. 따라서 신의 계약은 주권자와 국민들 간에 체결되는 것이 아니다. 주권자는 인위적 인격이며, 국민들의 대리인일 뿐이고, 계약의 주체인 개인(국민)들은 신의 계약의 결과인 주권자에 따라야 한다. 계약의 주체가 아닌 주권자가 절대 권력(절대 주권)을 갖는 역설이 성립하는 것이 홉스 사회 사회계약론의 특성이다.

그렇다고 국가, 즉 주권자의 절대 권력이 영원할 수는 없다. 국가, 즉 리바이어던은 '영원불멸의 신'이 아니라 필멸의 운명을 지닌 '지상의 신'이기 때문인데, 예를 들어 다른 나라와의 전쟁에서 패하거나(폭력사) 내분으로 소멸(자연사)할 수 있는 것이다.

홉스가 통치 권력의 절대성을 강조했다고 해서 그가 전체주의자라는 뜻은 아니다. 그는 왕권신수설에 대해 비판적이었고, 통치자의 권리(권력)는 통치자의 국민이 되기로 선언한 개인들의 권리로부터 도출된다고 보았다. 그는 자기 보존 욕구라는 인간의 근원적 본성을 확실하게 실현할 수 있는 근거를 계약 주체들 간 신약으로부터 발생하는 절대 권력으로부터 찾았고, 이를 통해 안전과 질서, 소유권과 정의, 평화가 실현될 수 있으리라 보았다. 물론, 그의 이러한 관점은 당시 청교도 혁명 등 불안한 정치 사회적 상황과도 관련이 있었을 것으로도 추측할 수 있다.

홉스

- 인간을 본성적으로 자기 보존을 위한 욕구를 지닌 존재로 봄
- 사회 · 정치 공동체의 기원을 개인(계약 주체)들 간 사회 계약에 둠
- 자연 상태를 자기 보존을 향한 개인들의 적대적 전쟁 상태로 봄
- 자연 상태: "만인의 만인에 대한 전쟁 상태", 자연 상태에서는 정의 · 부정의 등이 존재하지 않음
- 자연법: 평화를 추구하고, 계약을 맺고, 맺은 계약은 준수하라.
- 안전과 질서, 평화 실현을 위한 방안으로 통치 권력의 절대성(리바이어던)을 주장함.
- 공통 권력, 즉 통치 권력의 기원을 계약[신약(信約)]에 둠
- 리바이어던은 사회 계약의 결과로 통치권을 부여받은 인공적 인격이며, 국민의 생명, 안전과 평화에 대한 의무를 지님

통합사회와 윤리 교과서의 사상가들

로크
J. Locke

**"인간은 본래 평등하고 독립된 존재이므로 자신의 동의 없이
다른 사람의 정치권력에 복종할 수 없다"**

　부유한 변호사를 아버지로 둔 로크(1632~1704)는 영국 남부의 서머
싯에서 태어났다. 로크가 활동했던 당시 영국에서는 정치적으로는 두
차례의 시민 혁명(청교도 혁명과 명예혁명)이 있었고, 경제적으로는
젠트리 계층(16세기 귀족 세력의 몰락과 함께 등장한 주요 세력으로
부유한 지주와 상인, 전문직 종사자 중심의 중산 계급의 상층에 위치
함)과 전문직 종사자의 수가 증가하고 있었다. 이것은 상공업의 발달
과 자본가 계급에 의한 자본 축적이 활발하게 이뤄지고 있었음을 의미
한다. 이런 분위기를 반영하듯 로크의 사회계약론에는 '재산'에 관한
강조가 두드러지게 나타난다. 예를 들어 로크는 자연 상태에서조차도

개인에게 재산이라는 지위를 부여하는 것은 바로 '노동'이라고 주장한다. 물론, 그러한 권리는 무제한적인 것은 아니고 자신이 소비할 만큼만의 양으로 제한된다고 덧붙이고 있다.

 아무튼 당시 정치·사회적 상황을 간략히 살펴보자. 청교도 혁명(1642~1649)은 찰스 1세가 의회의 동의를 받지 않고 세금 징수를 강행하자 발생한 청교도를 중심으로 하는 의회파(젠트리)와 국왕파 사이의 내란이다. 이 시기에 젠트리 출신의 의회 점유율은 이미 75%를 차지하고 있었고, 지방 행정의 핵심이 되는 치안판사 또한 절대다수가 젠트리였다. 찰스 1세의 처형과 의회파의 승리로 끝난 청교도 혁명, 그리고 이후 크롬웰의 독재와 그의 사후 찰스 2세의 왕정복고로 청교도 혁명은 실패로 끝난다 왕정복고로 의회파가 퇴출되고, 국왕파가 득세했지만 의회에 대한 계속되는 무시는 국왕파(토리당)와 의회파(휘그당) 간 갈등 심화를 초래한다. 찰스 2세를 이어 제임스 2세가 영국 국교회를 배제하고 가톨릭의 부활과 의회 없는 전제 정치를 표방하자 토리와 휘그의 의회 지도자들이 네덜란드에 있던 윌리엄과 그의 아내 메리를 공동 왕으로 추대하고, 피를 흘리지 않는 혁명, 즉 명예혁명(1688)을 성공시킨다. 명예혁명으로 영국은 근대 최초로 절대 왕정을 타파하고, 의회 중심의 입헌 정치의 길을 열게 되었고, '리바이어던'을 길들이게 되는 데 성공한다. 즉 국가(통치권력)를 국민의 의사와 법에 종속하도록 하는 데 성공한다. 통치 권력에 대한 제한이라는 로크의 생각은 그의 『통치론』(또는 『통치에 관한 두 개의 논문』, 1689)에서 구체적으로 표현되고 있다.

로크는 흄과 함께 영국 경험론을 대표하는 사상가이지만, 여기서는 그의 정치사상을 중심으로 이야기하고자 한다. 사회 계약론자로서 로크는 홉스처럼 자신의 논의를 자연 상태로부터 시작한다. 그런데 그에게 자연 상태란 홉스와 달리 (비교적) 평화롭고 평등하며 안정된 상태이다.

> 자연 상태에서 각자는 자연법의 테두리 안에서 스스로 적당하다고 생각하는 바에 따라 자신의 행동을 규율하고, 자신의 소유물과 인신(人身, 몸)을 처분할 수 있는 완전한 자유의 상태이다. 또 자연 상태는 평등의 상태이기도 하다. 자연 상태에서 권력과 권한은 호혜적이며, 누구도 다른 누구보다 더 많이 가지지 않는다. (그런데) 자연 상태에서 개인은 자신의 완전한 자유와 자연법 집행권을 갖고 있지만, 그것을 누리기가 매우 불확실하고 다른 사람에 의해 끊임없이 침해받을 위험이 있기 때문에 자유롭지만 두려움과 지속적 위험으로부터 기꺼이 떠나고자 한다.

이처럼 로크는 자연 상태에서 각자는 자기 자신과 자신의 소유물을 자율적으로 처분하고 결정할 완전한 자유와 자율을 지니고 있다. 또한 자연 상태는 자연법이 지배하는 상태로 자연 상태에서 각자는 완전한 자유를 누리는데, 자신의 이런 자유에 대한 유일한 제한은 자연법에 의해서이다. 즉 자연 상태에서 각자는 자연법만을 자신의 행위 준칙으로 삼는 자연적 자유를 지니고 누린다.

계속해서 로크는 자연 상태와 자연법의 관계에 대해 "자연 상태는 자연법의 지배를 받으며, 자연법은 모든 사람에게 적용된다. 자연법의 근간을 이루는 것은 이성이며, 이성은 누구도 남의 생명, 건강, 자유, 재산상의 피해를 주어서는 안 된다고 가르친다."라고 주장한다. 하지만 각자는 자신의 이해관계가 걸린 문제에 대해 편파적이기 때문에 자연법이 자신들을 구속하는 법으로 받아들이지 않으려 한다는 것이 로크의 진단이다. 로크에 의하면, 바로 이것이 각자가 자연 상태에서 벗어나 시민 사회(정치 공동체)를 구성하는 단계로 나아가게 되는 조건이 된다.

> 어떤 사람이 자신의 자연적 자유를 포기하고 시민 사회의 구속을 받아들이는 유일한 방도는 재산을 안전하게 향유하고 구성원이 아닌 자들로부터 더 많은 안전을 확보하고, 상호 간의 안전과 평화로운 삶을 영위하기 위해 공동체를 결성하기로 다른 사람들과 합의하는 것이다. 인간은 본래 평등하며 독립된 존재이므로 자신의 동의 없이 자연 상태를 떠나 다른 사람의 정치권력에 복종할 수 없다.

이에 따르면, 자유인으로서 각자가 사회를 결성하기로 동의하는 것, 이것이 합법적 정부(정치 공동체) 수립을 위한 근거가 된다. 즉 정치 사회와 정부형태 등은 모두 각자의 자발적 결합과 상호 간 합의(계약)의 결과이다. "각자가 자연법 집행권을 포기하고, 그것을 공동체에 양도하기로 한 곳에서만 정치 사회 또는 시민 사회가 존재할 수 있다." 물론, 각자가 자발적(명시적) 동의를 하는 이유는 그들이 자연 상태에서 가지고 있었던 재산, 즉 생명, 자유, 자산의 안전한 보존을 위해서이다. 이것은 동의를 통해 각자로부터 신탁받은 통치 권력의 제일 목적은 자연 상태의 재산을 보호하고, 공동선을 위해서만 행사되어야 한다는 뜻이다. 따라서 통치 권력의 남용이나 악용으로 개인의 재산에 대한 위협이 발생하는 경우 이에 대한 저항권(폭력과 비폭력을 모두 포함)은 당연히 허용된다.

로크에게 사회 계약의 목적은 자연법 집행권의 포기를 조건으로 공통의 권력을 형성하여 개인의 재산(생명, 자유, 자산)을 안전하게 보호받으려는 것이 목적이기 때문이다. 또 로크는 이를 위해서는 모든 권력을 중앙에 집중시키는 것보다 분리가 합당하다고 보아 입법권과 집행권(행정권)을 분리해야 한다고도 주장한다. 입법권을 사회의 공공선을 위한 목적에 구속되게 하려는 의도이기도 하다.

> 입법권은 일정한 목적을 위해서만 행사될 수 있는 단지 신탁
> (信託)된 권력이므로, 이러한 신탁에 반할 경우 입법부를 폐
> 지하거나 변경할 권력은 여전히 인민에게 있다. 입법권은 국
> 가 설립 목적의 한계 안에서만 그 권력을 보장받을 수 있다.

(신탁된 권력에 대한 정당성을 판단하는) 재판관은 인민이다.

출생 시기로 본다면, 로크는 홉스보다 사십여 년 늦게 태어났지만, 영국이라는 공간에서 혁명의 시기를 보낸 점은 공통적이다. 또 홉스가 자연 상태로부터 시작해 사회 계약에 의한 국가의 형성과 그에 따른 통치 형태를 제시한 것처럼, 로크 또한 같은 방식을 채택하고 있다. 물론, 홉스는 허용하지 않았지만, 로크의 저항권(국민 주권론)은 영국의 정치 · 사회적 상황에 대한 지식인들의 변화를 반영하고 있었던 것으로도 해석할 수 있을 것이다.

마치 루소의 사회 계약을 예고라도 한 듯, 로크의 『통치론』은 홉스의 『리바이어던』과 루소의 『사회계약론』(1762) 사이에 위치한다. 정치에 관한 그의 주장이 프랑스 시민 혁명과 미국의 독립 선언, 그리고 오늘날 정치적 자유주의에 중대한 영향을 미쳤다는 점은 주지의 사실이다.

로크

- 자연 상태에서 각자는 자유롭고 평등하며, 평화롭고 자연법의 지배를 받음
- 각자는 자신의 동의 없이 다른 사람의 정치권력에 복종할 수 없음
- 자연법의 근간은 이성이고, 각자가 자연법 집행권을 갖지만, 각자의 이해관계는 공정한 판단을 어렵게 함
- 자연 상태에서 각자는 재산(생명, 자유, 자산)을 갖고 있으며, 이것의 안전한 향유를 위해 자연 상태에서 벗어나고자 함
- 통치 권력의 목적은 공동선과 각자의 재산을 보호하기 위한 것으로 제한

되어야 함

- 통치 권력에 대한 제한은 인민의 저항권을 허용함(국민 주권론)

- 정부의 권력을 입법권과 집행권으로 나누어 권력의 집중화에 의한 폐해
를 막아야 함

루소
J. J. Rousseau

"우리는 공동의 이익을 추구하는 일반의지를 통해서만 시민이 되고, 자유롭게 된다"

루소(1712~1778)는 제네바 공화국의 가난한 시계공의 아들로 태어났고, 그의 어머니는 그가 태어난 지 십 일도 되지 않아 숨을 거두었다. 그래서인지 모성애적인 것에 의존하려는 경향이 강했던 것으로 전해지고 있다. 루소의 아버지는 그가 열 살이 되었을 때 그를 떠나버렸는데, 이후 이모에게서 자라다 퇴직한 목사에게 위탁되어 조각공의 도제로 들어갔지만 제대로 된 대우를 받지 못했고, 결국 열여섯 살이 되자 제네바를 떠나 프랑스를 떠돌다 스물한 살에 알게 된 바랑 부인을 만나 인생의 전환점을 맞는다. 귀족 부인의 도움으로 독서와 문학, 음악에 심취할 수 있었고, 교육을 통해 사회 진보를 믿고 있었던 계몽주의자들(디드로, 볼테르)과도 교류하게 된다. 스물여섯에 바랑 부인과 결별하고, 서른세 살에 하숙집의 세탁부인 르봐세르와 동거하면서 다섯 아이를 낳았지만 키우지 않고 모두 고아원으로 보내버린다. 교육 철학에 관한 최고의 명저 중 하나로 꼽히는『에밀』(1762)을 쓴 그가 정작 자신의 아이들을 고아원에 보내버렸다는 사실은 그에 대한 가장 뼈아픈 비판 요인이기도 하다.『에밀』은 당시 귀족 사회의 교육 관행이 자연법칙에 어긋난다고 비판했고, 사회 지배층은 이런 그의 서적이 도덕을 타락하게 한다는 이유로 금서로 지정했다.

서른일곱(1749)의 루소는 디드로를 면회하러 가던 중 디종 아카데미 현상 논문 제목 "학문과 예술의 진보가 도덕의 타락에 기여했는가? 아니면 순화에 기여했는가?"를 보고 감전된 듯한 흥분을 느끼고 정신을 잃을 정도였다고 한다. 그는 이 주제에 대한 논문에서 "인간은 본래 선하게 태어났지만, 사회와 문명에 의해 타락하게 되었다."라는 논지의 글을 통해 최고상을 수상하게 되고, 이를 통해 당시 지성인 중 한 명으로 평가받기 시작한다. 이후『인간 불평등 기원론』(1755),『사회 계약론』(1762)을 집필한다. 1766년 흄의 도움으로 영국을 방문하게 되지만, 누구하고도 잘 사귀지 못하는 소심함과 강박증적 편집증으로 흄과 결별하고 프랑스로 돌아와 은둔 생활을 하면서『고백록』(1770)을 집필하고, 육십육 세(1778년)로 죽음을 맞이한다. 그의『사회 계약론』은 프랑스 시민 혁명에 절대적 영향을 미쳤으며, 그 공로로 그의 유해는 1794년 국가의 영웅들만이 영면할 수 있는 파리 팡테옹(국립묘지)

으로 이장된다.

　루소 또한 홉스나 로크처럼 사회 계약에 관한 자신의 논의를 자연 상태로부터 시작한다. 그런데 루소는 자연 상태를 홉스나 로크보다 좀 더 구체적으로 묘사한다. 즉 인간 정신의 발달과 함께 자연과 완전히 동화된 원시 상태에서, 인간이 동물과의 차이를 인식하는 단계를 거쳐, 가족생활이 시작되며, 농업의 발달과 함께 사유 재산과 불평등이 발생하고, 마침내 불평등의 심화로 전쟁 상태에 빠지게 되는 과정까지를 자연 상태로 묘사한다. 다시 말해 인간의 자연 상태는 평등하고 평화로운 상태에서 불평등과 불화가 만연한 상태로 변화해 왔다는 것이다. 루소는 자연 상태의 말기 또는 사회 상태 초기의 전쟁 상태라는 구조화된 불평등에서 벗어날 방안, 즉 자유롭고 평등했던 자연 상태를 회복하기 위한 방안으로 사회 계약을 제시한다.

　　공동의 힘을 통해 구성원 각자의 신체와 재산을 방어하고 보호해 주는 결사의 한 형태, 그리고 이를 통해 각자는 전체와 결합되어 있으면서도 자기 자신에게만 복종하면서도, 이전과 마찬가지로 자유로울 수 있는 그런 결사의 형태를 발견하는 것, 사회 계약은 이에 대한 방안이 된다. 사회 계약을 통해 우리들 각자는 자신의 신체와 모든 능력을 공동으로 일반의지의 최고 지도 아래 둔다.

루소에 의하면, "사회 계약의 본질은 우리들 각자가 자신의 인신(신체)과 모든 능력(힘)을 '일반의지의 지도 아래'에 두는 것으로, 이 결합체를 구성하는 우리들 자신을 전체와 분리시킬 수 없는 한 부분으로 받아들이는 것이다." 따라서 사회 계약을 통해 각자의 '사적인 인격'은 사라지게 되고, '도덕적이고 집합적인 단체', 즉 공적인 인격(소극적으로는 국가, 적극적으로는 주권자, 공화국, 정치체)이 형성된다. 또 사회 계약에 따라 구성원 각자는 자신의 능력과 재산, 자유 등에 대해 공동체가 필요로 하는 만큼의 부분을 다른 사람들과 동등한 정도만큼 공동체에 양도한다. 물론, 공동체가 얼마만큼을 필요로 하는지는 전적으로 주권자만이 판단할 수 있다. 따라서 공동체(국가)가 구성원들에게 필요하다고 요구할 때 각자는 자신의 능력과 재산과 자유를 내놓아야 한다. "사회 계약에 대한 동의는 곧 자기 자신과 계약을 맺는 것이면서", "한 국가에 거주한다는 것은 그 주권에 복종한다."라는 의미이기 때문이다. 또한 일반의지는 공동의 이익, 즉 공동선을 추구하기 때문이다.

> 일반의지만이 국가의 힘을 공동선이라는 국가 수립의 목적에 따라 지도할 수 있다. 사회는 오직 이런 공동의 이익에 근거해 통치되어야 한다. 주권은 일반의지의 행사일 뿐이므로 절대 양도될 수 없고, 분할될 수도 없다. 집합적 존재인 주권자는 자기 자신에 의해서만 대표될 수 있다. 일반의지는 항상 옳고, 공익을 지향한다.

루소에 의하면, 오직 공동의 이익을 추구하는 일반의지는 사적 이익을 추구하는 개별적 의지(특수 의지)들의 총합인 전체의지와도 구별된다. 또 '주권자'란 사회 계약을 통해 형성된 공적 인격에 대한 적극적 표현이며, 소극적으로는 '국가'를 의미한다. 같은 맥락에서 '주권'이란 것도 "일반의지에 따라 지도되는 권력"을 말한다. 주권은 사회 계약의 산물이므로 사회 계약의 당사자인 인민 모두(주권자)가 가지는 권력이다(인민 주권론). 따라서 주권은 양도되거나 분할될 수 없는 것이다. 또한 이러한 이유 때문에 구성원 각자는 국가가 요구하는 정도에 따라 자신의 능력과 재산과 자유를 내놓아야 할 의무를 지게 된다. 왜냐하면 사회 계약은 일반의지가 지도하도록 하기로 한 자신과의 계약이기 때문이다.

> 국가는 그 구성원들의 연합(결합) 속에서만 그 생존력을 지니는 '도덕적 인격'이고, 국가의 가장 중요한 관심은 '자기 보존'이다. 이를 위해 국가는 '보편적이고도 강제적인 힘'을 가져야 한다. 자연이 각자에게 자기 신체에 대한 절대적 권력을 부여한 것처럼, 사회 계약은 '정치체'에 대해 그 단체의 모든 구성원들을 지배할 '절대적 권력'을 부여한다. 일반의지에 따라 지도되는 이 권력이 바로 '주권'이다. 우리는 공동의 이익을 추구하는 일반의지를 통해서만 시민이 되고, 자유롭게 된다.

사회 계약에 관한 루소의 이와 같은 관점에 기초해 논의를 형벌로서 사형으로 확장한다면, 사형에 관한 루소의 입장은 무엇일까? 무엇보다 루소에게 "사회 계약은 계약자의 자기 보존을 목적으로 한다." 따라서 다른 사람을 희생시킴으로써 자신의 생명을 보존하려는 사람은 마찬가지로 다른 사람을 위해 자신의 생명을 바치지 않으면 안 된다. 이에 따라 군주가 '국가를 위해 당신의 죽음이 필요하다.'라고 선언한다면, 그는 마땅히 죽어야 한다. 왜냐하면 시민은 오직 이런 조건 아래에서 그동안 안전하게 살아왔고, 그의 생명은 국가로부터 받은 조건부 선물이기 때문이다.

> 살인자에게 부과되는 사형도 거의 이와 같은 관점에서 이해될 수 있다. 사람들이 자신이 살인자가 될 경우 사형에 처해지는 것에 동의하는 것은 자기 또한 다른 살인자의 희생물이 되지 않기 위해서이다. 이것은 계약을 통해 자기 생명을 보존하겠다고 생각하기 때문이다. 따라서 살인자는 조국의 법을 위반함으로써 조국의 구성원이 아니라 조국을 상대로 전쟁을 벌인 것이다. 국가의 보존과 살인자의 자기 보존은 양립할 수 없으므로 둘 중 하나는 사라져야 한다.

루소는 사회 계약을 파기한 살인자는 더 이상 국가의 구성원이 아니라고 보았다. 따라서 그는 사회 계약의 위반자로서 추방되거나 공공의 적으로 간주돼 처형, 즉 국가로부터 제거되는 것이 바람직하다고 본 것이다. 그는 국가의 적이기 때문에 더 이상 정신적 인격이 될 수 없으므로 전쟁에서 적을 대하듯이 그를 대하는 것은 정당하다고 보았다. 그렇더라도 루소는 잘 다스려지는 국가에서는 범죄가 거의 없으므로 형벌 또한 거의 없을 것이라고 전망했다.

루소가 태어난 제네바는 16세기 절대 왕정의 시기에도 공화국의 전통을 유지해 오고 있었다. 즉 제네바의 시민으로 태어난 자는 매년 열리는 총회에 참가해 공직에 관한 선거와 공화국의 주요 문제들을 시민들 자신이 결정할 권리를 가지고 있었다. 비록 과두정(적은 수의 우두머리가 국가의 최고 기관을 조직하여 행하는 독재적인 정치 체제)이 강화되고 있었지만, 시민의 권리 또한 인정되고 있었던 것이다. 루소가 "나는 제네바의 시민인 부모 사이에서 태어났다 "라고 한 것도 공화국에 대한 자긍심의 표현이 담겨 있는 것으로 볼 수 있다. 그가 일반의지와 함께 주권은 양도될 수 없고, 입법권은 오직 인민에게 속한다는 것, 그리고 '공공의 이익'이 국가를 지배하고 법에 의해 통치되는 모든 국가를 공화국이라고 주장하는 것 등은 제네바가 가지고 있던 전통을 떠올린다면 더 쉽게 이해될 수 있을 것 같다.

루소

- 자연과 완전히 동화되어 자유롭고 평등했던 자연 상태에서 사회 상태의 사적 소유가 발생하면서 불평등은 심화되었음
- 사회 계약에 의한 공동의 힘(일반의지)을 통해 각자의 신체와 재산을 보

호하고자 함

- 사회 계약을 통해 사적 인격은 사라지고, 도덕적인 단체, 즉 공적 인격인 국가(주권자, 공화국, 국가)가 형성됨

- 사회 계약에 의한 동의는 곧 자신과 계약을 맺는 것임

- 주권은 일반의지의 행사일 뿐이므로 양도되거나 분할될 수 없음

- 일반의지는 옳고 공동선(공공의 이익)만을 추구함

- 사회 계약의 목적은 자기 보존이며, 일반의지를 통해서만 시민이 되고 자유로울 수 있음

- 살인자는 국가에 대해 전쟁을 벌인 자로 추방하거나 사형에 처해야 함

애덤 스미스
A. Smith

"우리가 한 끼의 저녁 식사를 기대할 수 있는 것은 정육점 주인,
빵집 주인이 자비심이 아니라 그들의 자기이익에 대한 관심 덕분이다"

우연의 일치이지만 1776년은 미국의 독립 기념의 해이기도 하지만, 무려 구백 페이지가 넘는 스미스(1723~1790)의 『국부론』이 세상의 빛을 본 해이기도 하다. 스미스는 철학자 흄(1711~1766)과 가장 가까운 친구였던 것으로도 유명한데, 옥스퍼드 대학에 다닐 때 당시 무신론자로 알려져 있던 흄의 『인성론』(1740. 인간의 도덕 판단과 행위에서 중요한 요인은 이성이 아니라 감정임을 강조했고, 참된 지식은 경험에 기초한다고 주장한 경험론자)을 읽다가 대학에서 쫓겨날 뻔했다고 전해진다.

스미스는 십 대 중반에 글래스고 대학에 들어가(당시에는 중등학교

수준임) 허치슨(1694~1746. 이기적 행위를 억제하게 하는 감정의 도덕적 가치를 강조함. 즉 도덕 감정 또는 도덕 감각) 교수의 영향을 크게 받았다. 허치슨은 영국 공리주의의 표어인 '최대 다수의 최대 행복을 가져다주는 행위가 최선'이라는 명제를 주장한 인물로도 유명하다. 벤담은 허치슨의 주장에서 아르키메데스의 원리로 삼을 만큼의 중요한 영감을 얻었다고 전해진다. 아무튼 스미스는 밝고 활기찬 글래스고 대학에서의 공부를 통해 큰 깨달음을 얻었지만, 이후 옥스퍼드 대학에서의 공부에 대해서는 교수들로부터 별로 배운 것이 없으며, 강의는 진부했고 교수들은 게을렀다고 평가했다. 그는 이십 대 후반에 글래스고 대학의 도덕 철학 교수가 되었고, 『도덕 감정론』(1759)과 『국부론』(1776)을 출간했다.

경제에 관한 스미스의 핵심 개념인 '보이지 않는 손'의 원리를 이해하려면, 먼저 그의 인간관에 대한 이해가 필요하다. 스미스는 인간은 무엇보다 자기 이익 추구 성향(이기심)을 지닌다고 하면서도, 또한 동시에 공감, 그리고 자신을 공정한 관찰자의 입장에서 보려는 성향도 지닌다고 주장한다. 이에 따르면, 인간은 자신의 이익 실현에만 관심을 가질 뿐 타인이나 사회(국가)의 이익에는 관심이 없지만, 그렇다고 자기 이익 실현을 위해 어떠한 수단이나 방법도 가리지 않는다는 뜻은 아니다. 왜냐하면 누구든지 자신과 이해관계가 전혀 없는 사람의 고통에 대해서 공감할 수 있는 능력을 지니고 있고, 또 '자기 내부의 공정한 관찰자' 또는 '내부의 인간', '우리 행위의 조정자(재판관)의 판단'

에 따라 행동하려 하기 때문이다.

스미스에 따르면, 저마다 '가슴 속 거주자'인 공정한 관찰자는 "자기 이익을 극대화하기 위해 다른 사람의 사소한 이익까지 침해하는 것은 바람직하지 않다."라고 가르친다. "우리가 다른 사람의 고통에 대해 동료의식을 느낄 수 있게 하는 것도 역지사지의 공감 능력 때문이다." "아무리 이기적인 인간이라도 자신의 본성에 이것과 상반되는 무엇이 존재하는데, 그것은 다름 아닌 연민 또는 공감이다."

이제 우리는 스미스의 '보이지 않는 손'의 원리를 이해할 준비를 마쳤다. 잘 알려진 것처럼, 스미스는 이 용어를 단 두 번 사용했다고 한다. 먼저 한 번은 『도덕 감정론』이고, 다음 한 번은 『국부론』에서이다. 『도덕 감정론』에서는 거만한 지주의 일화를 통해서, 그리고 『국부론』에서는 한 끼의 저녁 식사와 관련해 등장한다.

거만하고 냉혹한 지주가 자신의 드넓은 땅을 보면서 그곳에서 재배된 모든 수확물을 혼자서 소비하겠다고 상상하는 것은 헛된 일이다. 지주는 자기 땅을 경작한 농민들에게, 자기 저택의 하인들에게, 또 저택을 관리하는 일꾼들에게 수확물의 일부를 나눠주지 않을 수 없다. 이런 사람들은 지주의 변덕과 사치 덕분에 자신의 생필품을 얻어낸다. 그것은 지주의 인간애나 정의로운 감정과는 아무런 상관이 없다. 그들은 '보이지 않는 손'에 이끌려 생필품을 제공받게 되는 것이다. 그리하여 자신도 모르는 사이에 사회의 이익을 증진하게 되고, 인류의 번식에 적절한 수단을 제공하게 되는 것이다.

사람은 누구나 자신의 자원이나 생산물의 가치가 극대화되는 방향으로 이것들을 사용하려고 한다. 물론, 그는 자신이 사회의 공공 이익을 위해 노력하려는 것도 아니고, 자신이 공공의 이익을 얼마나 촉진했는지도 모른다. 그가 생산물의 가치를 극대화하려고 하는 것은 오직 자기 자신의 이익만을 위해서이다. 그리하여 이 경우 보이지 않는 손에 이끌려 그가 전혀 의도하지 않았던 어떤 목적을 촉진하게 된다. 자신이 의도했던 바가 사회에 반드시 나쁜 것은 아니다.

스미스를 언급할 때 가장 많이 인용되는 이야기, 즉 "우리가 한 끼의 저녁 식사를 기대할 수 있는 것은 정육점 주인, 술도가주인, 빵집 주인의 자비심이 아니라 그들의 이기심 때문이다. 우리는 인간애가 아니라 자기애에 따라 행동한다."라는 이 문장도 그의 '보이지 않는 손'의 원리를 설명하기 위한 것이다. 스미스에게 보이지 않는 손의 원리는 인간 세상이 작동하는 원리이다. 스미스는 우리가 "태어날 때부터 가지고 나오고, 무덤에 갈 때까지 사라지지 않는 욕구"인 이러한 자기 이익은 시장에서의 자유로운 경쟁과 이를 조절하게 해 주는 수요와 공급을 통해 실현될 수 있다고 보았다.

스미스는 시장에서의 자유로운 개인들 간 경제 활동이 정부의 규제나 방해를 받지 않음으로써 자연스럽게 질서와 균형(조화)이 실현될 수 있다고 보았으며, 이런 상태를 '완전한 자연적 자유의 체계'라고 했다. 즉 완전한 자유의 체계에서 개인은 자기애의 원리에 따라 자신의 이익 극대화를 위해 경쟁할 것이고, 이는 분업에 의한 생산성 및 효율성 증진으로 나아갈 것이며, 그 결과 보이지 않는 손의 원리에 따라 혼란이나 무질서가 아니라 사익과 공익이 조화와 균형을 이루는 상태로 나아가리라는 것이 스미스의 진단이다. "오직 자신의 이익만을 목적으로 한 것이지만, 보이지 않는 손에 이끌려 전혀 의도하지 않았던" 사회 전체의 이익(즉 국부의 증대)에 기여하는 결과를 가져온다는 것이다.

한편, 스미스는 생산성 향상과 효율성 증대는 개인의 사익 추구 실현을 위해 반드시 요구되는데, 분업이야말로 이러한 목적 실현에 적합하다고 주장한다.

> 분업은 노동 생산력을 증대시키는 가장 중요한 요소이다. 노동 생산성의 개선과 숙련 및 기능 향상은 대부분 분업의 결과이다. 핀의 제조를 예로 들면, 첫 번째 사람은 철사를 뽑아내고, 두 번째 사람은 똑바로 펴고, 세 번째 사람은 자르고, 네 번째 사람은 끝을 뾰족하게 하고, 다섯 번째 사람은 핀의 머리를 갈고, 여섯 번째 사람은 핀의 머리를 만든다. 분업은 특히 일부 제조업에서 가장 완전하게 이뤄질 수 있다. 노동은 모든 상품이 지니는 교환 가치의 실질적 척도이다. 모든 상품의 가

치는 그것을 획득하려는 사람이 그것을 획득하기 위해 실제
로 치른 그의 노동과 수고이다.

스미스는 분업 없이 혼자서 핀을 제조한다면(만든다면), 하루에
스무 개도 만들지 못하지만, 이와 같은 분업화를 활용하면 하루에
48,000개를 만들 수 있다고 설명했다(스미스의 이 주장은 디드로의
책을 보고 인용한 것으로 알려져 있다). 또 그가 상품이 지니는 교환
가치의 척도를 노동, 즉 노동 가치설을 주장하고 있는 점도 주목할 만
하다.

한편, 보이지 않는 손, 즉 시장에서의 자유 경쟁에 의한 이윤 추구
를 세상의 근본 원리로 보았던 스미스는 국부를 금과 동일시하는 중상
주의와 국가의 보호무역정책에 대해서도 일관성을 갖고 비판했다. 그
에 따르면, "금과 은은 주방 기구와 같은 도구에 불과하다. 주방 기구
를 늘린다고 해서 음식이 만들어지지 않듯이 금과 은의 수입이 국부를
증대시키지는 못한다."라는 것이다. 국부의 원인과 증가에 관한 토대
를 보이지 않는 손에 의한 자유 시장에서의 개인 간 경쟁으로 보았던
스미스의 주장은 완전한 자유 경쟁이란 불가능하다는 현실적인 제약
이나 한계에도 불구하고, 자유 방임주의와 고전적 자본주의의 지배적
신념으로 자리 잡게 되었다.

스미스가 십 년 동안의 열정으로 완성한 『국부론』의 출간과 관련해
흥미로운 여담이 있다. 이 책은 출간과 함께 유럽 여섯 개 나라에서

번역되었지만, 옥스퍼드 대학에서만큼은 가치가 없는 책이라고 무시 당했다고 한다. 하지만 그의 친구인 흄은 이 책에 대해 "자네뿐만 아니라 친구들과 대중들이 학수고대하던 책이라네. 나 또한 얼마나 기다렸는지 이 책이 나왔을 때 전율을 느꼈다네. 노력한 결과를 보게 되어 정말 반갑네. 책을 정독하고 나니 그동안의 걱정이 말끔히 사라졌다네. 깊이 있고, 충실하고, 통찰력 있는 역작임이 분명하네." 당시 죽음을 앞두고 있던 흄이 스미스에게 이와 같은 우정어린 답장을 한 것으로도 유명하다. 흄은 이 책에 관해 토론이 있기를 바랐지만 결국 육 개월 후 죽음을 맞이한다.

스미스

- 인간은 자기 이익 추구와 자기애의 자연적 성향을 지니며, 공감 능력(연민)을 지님
- 인간에게는 양심, 즉 '가슴 속 거주자', '공정한 관찰자'가 있음
- 보이지 않는 손의 원리: "도덕 감정론", "국부론"
- 오직 자기 이익만을 실현하려는 자연적 성향이 결과적으로 사회 전체의 이익을 증진(국부 증진)하게 되는 결과를 가져옴
- 자기 이익 추구 행위는 사회 전체의 이익과 양립할 수 있음
- 완전한 자유의 체계에서 사익과 공익은 자연스럽게 균형을 이룸
- 중상주의와 보호무역주의를 비판하고 자유 무역을 주장함
- 상품이 지니는 교환 가치의 척도는 노동임(노동 가치설)

마르크스
K. H. Marx

**"기계의 사용과 노동의 분업이 증대함에 따라 프롤레타리아의 노동은
노동자로서 지녀야 할 모든 매력을 잃게 되었다"**

인류 역사에서 20세기는 '이념의 세기'로 규정해도 지나치지 않을 것
이다. 물론, 그 중심에는 자유주의와 사회주의가 있고, 그중에서도
마르크스(1818~1883)는 논쟁의 중심에 있는 대표적인 문제적 인물이
다. 그런 만큼 그에 관한 자료 또한 어떤 사상가들보다 풍부하고 많
이 알려져 있다. 여기서는 지금까지 여러 사상가들을 다루면서 해왔
던 방식대로 간략하게 그의 생애, 그리고 그의 역사관과 자본주의에
서 노동자의 노동 소외를 중심으로 살펴보려 한다.

유대인 변호사 집안의 일곱 남매 중 첫째인 마르크스는 17살이 되어
김나지움(독일의 중등교육 기관)을 졸업할 때 "직업 선택을 앞둔 한

젊은이의 고찰"이라는 졸업 에세이를 작성했는데, 여기에는 지나친 해석일지 모르지만, 그의 사상의 씨앗이라 할 수 있는 문장 하나가 등장한다.

"우리는 우리가 소명을 받았다고 믿는 자리를 반드시 얻지는 못한다. 사회에서 우리가 맺을 관계들은 우리가 그 관계들을 규정지을 위치에 이르기 전에 이미 어느 정도 확립되어 있기 때문이다."

대학 교수를 꿈꿨던 청년 마르크스는 좌파적이며 급진적 성향 때문에 교수가 될 수 없음을 깨닫고 라인신문사의 편집장이 되지만, 반정부적 성향의 이 신문은 정부의 탄압으로 폐간되고, 마르크스도 편집장에서 쫓겨나 프랑스로 망명한다(1843). 어린 시절 친구인 예니 본 베스트팔렌과 결혼한 마르크스는 파리에 생활하며 자신의 역사·경제 이론을 다룬『경제학·철학 수고』(1844)를 발표하고, 급진적 혁명론자들과 공상적 사회주의자들(생시몽, 푸르동 등)과도 교류한다. 무엇보다 이곳에서 독일인 방직 공장주의 아들이자 사상적 동지인 엥겔스를 만난다. 하지만 마르크스는 프랑스에서 다시 추방되었고, 브뤼셀에 정착하게 된다(1845~1848). 이곳에서 엥겔스와 함께 '국제 공산주의자 연맹'을 결성하고, 우리에게 가장 익숙한『공산당 선언』(1848)을 발표한다. 이후 잠깐 프랑스로 다시 돌아와 혁명적 사건들에 가담한 마르크스는 다시 추방되어 런던으로 건너가(1849) 그곳에서 남은 삶을 폐렴으로 마감한다(1883). 그의 장례식에는 엥겔스를 비롯해 열한 명이 참석한 것으로 전해진다.

영국에서의 마르크스 생활은 단순했다. 매일 대영박물관 도서관에 나가 아침 9시부터 저녁 7시까지 연구에 몰두했지만, 가족을 돌보는 일은 소홀했다. 열악한 환경의 두 칸짜리 싸구려 아파트에서 생활하던 중 아들(6세)이 죽고, 아내의 건강도 악화되었다. 엥겔스가 약간의 경제적 지원을 해 주었지만, 마르크스에게는 그 외의 어떤 수입도 없었다. 그의 대표적 저서인 『경제학 비판』(1859)과 『자본론』(1867)은 세상의 빛을 보게 되었지만, 가족의 삶은 비참하기 이를 데 없었다.

아무튼 "지금까지의 모든 철학자들은 세계를 단지 서로 다르게 해석해 왔을 뿐이다. 하지만 중요한 것은 세계를 변화시키는 것이다."라고 외쳤던 마르크스는 부인이 죽고, 2년 후 큰딸이 죽은 지 두 달 만에 자신의 삶을 마감한다(1883).

인류 역사의 발전에서 법칙을 발견함으로써 혁명의 미래를 예측하고자 했던 마르크스의 노력은 잘 알려진 것처럼, 역사 발전을 다섯 단계, 즉 원시 공산 사회 → 고대 노예제 사회 → 중세 봉건 사회 → 근대 자본주의 사회 → 미래에 다가올 사회주의적·공산주의적 사회로 구분해 제시되었다. 마르크스는 역사를 물질적 질서(사회·경제적 조건)의 내부에서 일어나는 투쟁을 통한 변증법적 운동으로 이해하는데, 이것을 '변증법적 유물론'이라고 한다. 그에게 역사란 엄격한 운동 법칙에 따라 한 시대에서 다른 시대로 운동과 변화를 해 나가는 과정이다.

지금까지 존재한 모든 사회의 역사는 계급투쟁의 역사이다. 자유민과 노예, 귀족과 평민, 영주와 농노, 길드 장인과 직공, 한마디로 억압자와 피억압자 사이의 대립, 이 대립과 투쟁은 언제나 사회 전체가 혁명적으로 재구성되거나 아니면 서로 투쟁하는 계급의 공동 몰락으로 끝이 났다. 부르주아 시대는 사회 전체를 두 개의 적대적 계급, 즉 서로 대립하는 부르주아와 프롤레타리아로 분리시켜 놓았다는 점이 다를 뿐이다.

이처럼 마르크스는 역사 발전의 원동력인 계급 간 투쟁은 변하지 않으며, 단지 지배와 억압의 구조와 이름만 바뀔 뿐이라고 주장한다. 이러한 구조는 자본주의가 발전하면 할수록 자본주의의 내적 모순에 의해 그 정점을 향해 나아가며, 마침내 필연적으로 피지배 계급에 의한 폭력 혁명을 통해 지배 계급의 소멸과 함께 새로운 사회, 즉 사회주의 사회로 발전할 수밖에 없다고 본다.

부르주아는 자신의 죽음을 가져올 무기를 스스로 발전시켰을 뿐만 아니라, 이제 그 무기를 향해 겨눌 사람들, 즉 프롤레타리아도 함께 만들어냈다. 부르주아, 즉 자본가 계급이 발전하는 정도에 비례해 프롤레타리아트, 즉 노동자 계급도 발전한다. 오늘날 부르주아지에 대립하고 있는 모든 계급들 중에서 오직 프롤레타리아트만이 진정으로 혁명적 계급이다. 프롤레타리아트는 본질적으로 산업 사회의 산물이기 때문이다.

통합사회와 윤리 교과서의 사상가들

마르크스는 자본주의가 발전할수록, 그리고 소수 거대 자본가에 의한 시장 독점이 심화할수록 노동자의 빈곤화와 실업 또한 비례해 심화할 것이라 보았는데, 이를 자본주의 자체에 내재한 모순이라고 주장한다. 자본가 계급이 바로 자신들을 무너뜨릴 노동자 계급을 등장 및 발전시킨다는 논리에서이다. 마르크스는 이처럼 특히 노동자 계급에 주목하는데, 그 이유는 이들을 자본가 계급으로부터 가장 착취당하는 계급이자 새로운 사회를 실현할 혁명의 주체 세력이라고 보았기 때문이다. 마르크스는 자본주의 사회에서 노동자들의 모습이 과거의 농노들보다 상대적으로 자유롭지만, 그들은 생산 수단을 소유하지 못하며, 단지 생존을 위해 자신의 노동력을 자본가에게 팔아야 하는 존재로 이해한다.

> 기계의 사용과 노동의 분업이 증대함에 따라 프롤레타리아의 노동은 자신의 독특한 개성을 상실하게 되었고, 결과적으로 노동자로서 지녀야 할 모든 매력을 잃게 되었다. 프롤레타리아에게 요구되는 것은 가장 단순하고, 가장 단조로우며, 가장 쉽게 배울 수 있는 동작뿐이고, 이로써 프롤레타리아는 기계의 단순한 부속품이 되고 말았다. 이 때문에 노동자에게 지출되는 생산 비용은 거의 전적으로 생존과 자손을 번식하는 데 필수적인 수단만을 제공하는 것으로 엄격하게 제한되게 된다. 그런데 상품의 가격은 노동에 대한 가격이기 때문에 혐오스러운 노동이 증가할수록 이에 비례하여 임금은 하락하게

된다. 또 기계와 분업이 증가할수록 기계의 운전 속도가 빨라지기 때문에 노동의 양도 그만큼 증가하게 된다.

결국 마르크스에게 노동의 분업이란 노동자의 입장에서 본다면, 가난을 위한 필수적 도구일 뿐이다. 기계의 도입은 노동의 분업 심화를 가져오고, 공장 노동자의 과업을 단순화하며, 자본을 자본가에게 더욱 집중시켜 줌으로써 노동자(인간)를 더욱 도막 내게 된다는 논리이다. 이로써 자본주의 사회에서 노동자의 노동은 생산 수단을 소유한 자본가에게 완전히 종속됨으로써 자신의 노동이 지닌 고유한 매력을 상실하게 된다. 마르크스는 '노동'을 인간(인류)의 고유한 본질로 보았고, 따라서 인간은 노동을 통해 자기의 본질을 실현할 수 있다고 보았지만, 자본주의에서는 이것이 원천적으로 봉쇄될 수밖에 없다는 것이 그의 논리이다.

자본주의에서 노동자의 노동력은 그의 표현처럼, "노동력의 소유자인 임금 노동자가 살기(생존을) 위해 자본(가)에게 팔아야 하는 하나의 상품일 뿐이다." 이 때문에 노동자는 자본주의적 노동에 참여하면 할수록 노동자 자신이 만들어내는 상품(산물)으로부터, 그리고 타인으로부터, 나아가 자신의 노동으로부터 소외를 경험하게 된다. 왜냐하면 자본주의 사회에서 노동자의 노동이란 자신의 노동이 아니라 누군가(자본가)를 위한 노동이며, 노동자는 자신이 아닌 누군가에 속해 있기 때문이다. 결국 인간은 인간[유(類)] 자신의 본질로부터 소외되는 것이다.

한편, 마르크스는 자본주의 단계에서 나타나는 이와 같은 지배와 예속이라는 불평등 구조를 만들어낸 근본 요인이 있는데, 이것을 생산 수단의 사적 소유(사유 재산제)라고 본다. 사유 재산이란 소외된 노동의 산물이며, 동시에 노동을 소외시키는 수단이기도 하다. 사유 재산제를 지탱하는 임금 노동에서 노동자는 목적이 아니라 임금의 하수인일 뿐임을 깨닫게 되고, 최종적으로 사적 소유로부터 자유로워지는 사회, 즉 자신(노동자)들의 해방이자 인간성의 해방을 위한 길로 나아갈 수밖에 없다고 본다. 그리고 이러한 해방을 위한 실천은 혁명의 주체 세력인 노동자들에 의한 폭력 혁명을 통해 달성되며, 이후 과도기인 사회주의의 낮은 단계를 거쳐, 마침내 사회주의의 높은 단계, 즉 공산주의 사회가 도래하리라고 전망한다.

공산주의자들의 이론을 한 문장으로 요약하면, 그것은 사적 소유의 철폐이다. 공산주의 혁명은 과거로부터 내려오는 소유관계와의 근본적 결별이다. 공산주의에서 개인은 더 이상 (배타적) 분업에 종속되지 않으며, 정신노동과 육체노동 사이의 대립도 사라지고, 노동은 삶을 위한 수단일 뿐만 아니라 삶에서 가장 필요한 것이 된다. 또 개인의 전체적인 발전에 따라 생산력도 향상되고, 부르주아적인 편협한 권리 주장도 사라진다. 이런 사회는 "각자로부터는 자신의 능력에 따라, 각자에게는 자신의 필요에 따라" 운영된다.

마르크스는 이처럼 공산주의 사회에서 개인은 소외되고 분업화된 기계적 노동에서 해방되며, 주저함 없이 자신을 실현하는 자유로운 삶을 영위할 수 있게 된다고 주장한다. 그에 따르면, 이런 사회에서 개인(인간)은 자신이 원하는 어떠한 분야에서든지 자신을 조형(만듦)할 수 있고, 사회가 전체적인 생산을 조절하게 되며, 이를 통해 "사냥꾼이나 어부, 목동이 되지 않고도 자신이 마음먹은 대로" 언제든 무엇이든 할 수 있게 된다.

여기서 잠깐, 마르크스는 딸들과 '고백(진실)' 게임을 하곤 했는데, 그것들 중에 이런 것들이 있다.

- 당신(마르크스)이 제일 좋아하는 미덕은 (단순함)이다.
- 당신이 가장 혐오하는 것은 (노예근성)이다.
- 당신이 가장 좋아하는 것은 (책에 파묻히기)이다.
- 당신이 가장 좋아하는 색깔은 (빨강)이다.
- 당신이 가장 좋아하는 좌우명은 (모든 것은 의심해 보아야 한다)이다.

마르크스

- 『공산당 선언』을 통해 노동자 계급에 의한 사회주의 혁명 주장함

- 인류 역사 발전을 다섯 단계로 구분해 공산주의 사회를 이상으로 제시함

- 자본주의에서 자본가 계급과 노동자 계급 간 투쟁을 강조함

- 생산 수단의 사적 소유와 계급, 국가가 소멸한 공산주의 사회를 강조함

- 노동자 계급에 의한 폭력 혁명을 역사 발전에서 필연(법칙)으로 주장함

- 자본주의 사회에서 노동자의 노동 소외를 비판하고 극복을 주장함

- 인간의 유(類)적 본질을 노동으로 보고, 노동에 의한 자아실현을 강조함

- 분업에 의한 배타적 노동 영역 구분이 노동자의 기계적 종속을 심화한다고 봄

- 자본주의에서는 노동자의 단순 반복 노동으로 노동자가 기계의 부품으로 전락함

❧

케인스 vs 하이에크
J. M. Keynes   *F. A. Hayek*

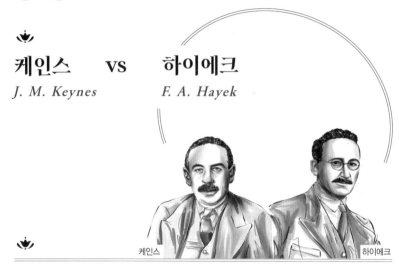

케인스   하이에크

**"차라리 폐광에 돈을 파묻는 것이
아무 일도 하지 않는 것보다 더 나을 것이다"** 케인스

**"경쟁은 사회적 통제를 필요로 하지 않으며,
개인에게 스스로 결정할 기회를 부여한다"** 하이에크

   2013년 하버드대의 퍼거슨 교수는 "만약 케인스주의가 지속됐다면 우리 모두는 죽었을 것이다. 그는 동성애자였고, 아이를 가질 생각이 없었다. 그의 이론 역시 미래에 대한 무관심에서 나온 산물"이라고 했는데, 이는 케인스에 대한 인신공격적 비하로 파문을 일으켰다. 그는 곧바로 "케인스에 대해 잘못된 멍청한 발언을 했다."라고 사과했지만, 그가 정부의 긴축만이 경기 침체와 공황을 해결할 수 있는 최선의 방안이라고 주장하는 인물임을 고려하면 다분히 의도적인 발언이었음

을 짐작할 수 있다. 케인스는 젊은 시절 동성애적인 성향을 보였으며, 이후 스무 살 이상의 나이 차이를 극복하고 러시아 출신의 무용수 로포코바와 결혼했고, 평생 화목했던 것으로 전해진다.

케인스(1883~1946. 완전 고용의 실현 및 유지를 위해서는 자유방임주의가 아닌 정부의 보완책, 즉 유효수요를 창출하는 공공지출이 필요하다고 주장함. 수정 자본주의)와 하이에크(1899~1992. 법의 지배하에서의 자유와 규칙에 기초한 자유 경쟁을 주장하고, 시장 경제와 같은 자생적 질서를 계획경제와 같은 인공적 질서로 전환시키려는 사회주의·전체주의적 계획을 비판함. 신자유주의)를 이해하기 전에 먼저 우리나라의 외환 위기를 간략하게 살펴보는 것이 도움이 될 것 같다. 왜냐하면 두 사람은 1930년대 경기 침체의 원인 및 해결 방안에 대해 논쟁했는데, 우리나라의 IMF 상황이 대량 해고와 실업 등 대공황 당시의 상황을 쉽게 이해할 수 있는 경험적 사례로 이용될 수 있기 때문이다.

1997년 12월 우리나라는 외환 위기(대외 거래에 필요한 외환을 확보하지 못해 국가 경제에 타격을 입게 되는 현상), 좀 더 자극적인 표현으로 '국가 부도의 날'을 맞는다. 대기업의 연쇄 부도(한보그룹, 삼미그룹, 진로그룹, 기아자동차그룹, 해태그룹, 뉴코아그룹 등)와 대외신인도 하락 및 단기 외채의 급증(1992년 629억 달러에서 1996년 1,643억 달러) 등으로 주식 시장 전체가 무너지고, 실업은 급증하며, 자금 인출량은 한국은행이 보유하고 있는 외환보유고를 초과하게 되어 결국 IMF 구제 금융을 신청하게 된다. 1998년 원달러 환율이 1,995원으로 사상 최고치를 기록했지만, 재정 긴축과 고금리 정책 등을 통해 3년 8개월 만에 극복하는 저력을 보여주었다. 하지만 이 시기를 전후로 우리나라는 기업 구조조정을 위한 쉬운 해고와 정리해고, 정년 단축, 비정규직 및 실업의 증가 등 노동 부문에서의 불안정성은 더욱 심해지고 있다.

케인스의 『고용, 이자, 화폐에 관한 일반 이론』(1936)에 대해 현대 경제학의 아버지로 불리는 폴 새뮤얼슨[1915~2009, 『이코노믹스(Economics)』(1948)의 저자이자 노벨경제학상 수상자]은 "이 책은 엉망으로 저술된 책이면서 번득이는 통찰과 직관이 지루한 수식과 섞여 있고, 어색한 정의에 뒤따라 갑자기 뇌리에 꽂히는 화려한 언술이 등장하는 책으로, 이 책의 모든 내용을 파악하고 나면 그 분석이 당연하면서도 새로운 것임을 알게 된다. 한마디로 천재가 쓴 책"이라고 평가했다.

케인스는 고전경제학파(애덤 스미스에서 시작되어 리카도, 밀 등에 의하여 발전한 초기의 경제학파)의 주장이 단적으로 현실을 도외시한다고 비판했다. 즉 그들의 경제 이론은 '이랬으면 좋겠다고 바라는 내용'에 기초해 가정한 나머지 현실 경제를 도외시해 버렸다는 것이다. 예를 들어 고전경제학파는 실업으로 일자리를 잃은 실업자들의 고통에 대해 묵시적으로 실업자들의 책임으로 돌리려는 경향이 있다는 것이다. 하지만 케인스는 임금 인상 요구가 실업의 한 요인이 될 수는

통합사회와 윤리 교과서의 사상가들

있지만, 그렇다고 그들의 주장처럼 실업의 주된 원인은 될 수 없다고 주장한다.

또 개인이 저축하게 되면 반드시 그에 상응하는 투자가 뒤따른다는 고전경제학파의 주장 또한 잘못이라고 비판한다. 왜냐하면 개인들은 '유동성을 선호'한다는 이유에서이다. 이에 따르면 고전경제학파는 저축과 투자의 관계가 금리를 결정한다고 주장한다. 즉 사람들이 저축을 많이 하면 금리가 떨어지고, 금리가 떨어지면 투자 수익을 극대화하려는 기업 투자를 고무하게 되고, 반대로 사람들이 저축을 너무 적게 하면 금리가 높아져 더 많은 사람이 저축하도록 유인한다는 것이다.

하지만 케인스는 저축하는 사람들은 돈을 은행에 저축하거나 주식에 투자하는 대신, 저축할 돈을 '유동적 형태(현금)'로 보유하는 것을 선호하는 경우가 많다고 비판한다. 즉 현금을 보유하고 있으면 급변하는 상황에 유연하게 대응할 수 있고, 더 좋은 거래로 이득을 볼 수 있다면 금이나 보석의 형태로 저축을 보유하게 될 것(미래 수익)이라고 주장한다. 이러한 유동성 선호 때문에 금리는 필요 이상으로 높아질 수 있고, 사람들이 현금을 포기하도록 하기 위해 은행은 프리미엄 금리를 지불하기도 한다는 것이다. 이처럼 지출보다 저축이 이롭다는 고전경제학파의 관념은 케인스의 '유동성 선호' 개념에 의해 무력화된다.

한편, 케인스가 『일반 이론』에서 도입하고 있는 '승수' 개념, 즉 '승수 효과(multiplier effect)'는 당시 실업 문제의 해결과 관련해 고전경제학파의 주장과 더욱 대비를 이룬다. 승수 효과란 일반적으로 정부가 지출을 늘릴 경우 지출한 금액보다 많은 수요가 창출되는 현상을 뜻한다. 예를 들어 수요가 위축되면 생산자들은 생산을 줄이고 노동자들을 해고해야 한다. 그리고 이것은 연쇄 효과를 일으킨다. 한 사람의 노동자가 해고되면 한 가족의 지출이 감소한다. 이 가족이 이용하던 가게들이 영향을 받아 직원들을 줄이게 된다. 이런 효과가 전체 사회로 파급되면 최초의 원인은 '승수'로 작용할 것이다. 반면 투자가 일어나면 승수는 반대 방향으로 작용한다. 새로운 기계를 도입하고, 노동자들을 새로 고용하면 가게의 매출이 늘어나 직원을 새로 채용하게 된다. 중요한 것은 '총수요'이다. 그리고 총수요는 소비자의 지출과 투자를 통해 결정된다는 것이 케인스의 주장이다.

케인스는 이 승수 효과를 실업 문제의 해결에 적용한다. 정부가 돈을 빌려서 벌이는 공공사업이 무책임하고 낭비적이며 자원만 축낼 뿐이라고 비난할지 모르지만, 만성적인 실업 문제의 해결을 위해서는 꼭 필요하다고 주장한다. 케인스는 1933년 루스벨트 대통령에게 "정부의 지원 아래 대규모 지출이 필요합니다. 단기간에 대규모로 결실을 맺을 수 있는 분야, 예를 들어 철도 같은 분야가 좋을 것입니다. 일단 경제가 굴러가도록 하는 것이 최우선입니다."라고 충고했다. 대공황의 시기에 대규모 공공부문 지출 프로그램 시행이 시급하다는 것이 그의 주장이다. 케인스는 시간이 어느 정도 흐르면, 즉 장기적으로 경제가 모든 사람이 고용되는 지점에 이르게 될 것이고, 그 상태는 유지될 것이라는 고전경제학파의 입장에 대해 "장기적으로 우리는 모두 죽는다."라고 단언했다.

간명하게 말해 케인스의 기본 명제는 두 가지이다. 하나는 민간 경제(private economy)는 완전 고용에 도달하지 못할 수도 있다는 것, 다른 하나는 정부 지출은 경제를 자극해 완전 고용과 불완전 고용의 틈을 메울 수 있다는 것이다. 이와 관련해 케인스가 제시했던 매우 유명한 비유가 있다.

> 재무부가 낡은 병에 지폐를 채워 쟁여 둘 일이 있다면, 그 돈 뭉치들을 폐광촌 탄광에 적당한 깊이만큼 파서 묻어두고, 그 위에서부터 지표면까지는 도시에서 나오는 쓰레기들로 채워 두어라. 그다음 충분히 검증된 자유방임의 원리에 따라 사기업들이 그 돈뭉치들을 다시 캐내도록 내버려두라. 그러면 실업이 더 증가할 이유가 없다. 돈을 캐내는 일 덕분에 지출은 연쇄적으로 일어날 것이고, 이에 따라 사회의 실질 소득은 물론 자본으로 쓸 부(富)도 그 전보다 훨씬 늘어날 것이다. 물론 돈을 이렇게 쓰느니 실물 자산인 주택 건설에 사용하는 것이 더 합당할 수 있다. 하지만 정치적이고 현실적인 난관 때문에 이것이 어렵다면, 차라리 폐광에 돈을 파묻는 것이 아무 일도 하지 않는 것보다 더 나을 것이다.

이제 다루게 될 하이에크는 정부의 시장 경제 개입이 자유를 위협할 것이고, 예종(隸從, serfdom)의 확대를 가져올 것이라 보았지만, 케인스는 실업 문제의 해결과 완전 고용을 위해서는 정부의 역할이 확대될 필요가 있고, 하이에크의 비판처럼 이런 정책이 자유를 억압하는 폭압의 점진적 확대로 이어지지 않을 것이라고 반박했다. 오히려 케인스는 모든 사람의 완전 고용을 통해 사상과 행동의 독립(진정한 민주주의)을 더 확실하게 지킬 수 있다고 보았다.

나아가 케인스는 정부에 의한 포괄적 투자의 사회화가 이뤄지더라도 "여전히 사적인 책임을 행사할 영역은 매우 폭넓게 존재할 것이고, 이런 영역에서 개인주의의 전통적 장점들은 여전히 유효할 것"이라고 강조했다. 즉 케인스는 개인주의의 장점인 효율성과 개인 선택권의 존중 등은 개인의 자유를 지켜줄 수 있는 가장 효과적인 장치라고 본 것이다. 케인스는 개인의 더 많은 자유를 위해 "배의 방향키를 살짝 조절함으로써 선원들이 풍요와 만족을 누릴 수 있도록" 하는 것이 바람직하다고 보았다. 즉 "집단 수용소(사회주의, 전체주의 등) 없이도 실업을 치유할 수 있다는 희망"을 갖고 있었던 것이다. 또 케인스는 만약 정부의 개입으로 총수요가 증가하고, 완전 고용이 달성된다면, 고전경제학파의 이론은 다시 힘을 발휘할 수 있게 되리라고 전망했다.

"계획 사회의 인과응보"라는 제목으로 구상되었던 하이에크의 『노예의 길』(1944)은 "대안을 말하지 않는 기본적으로 좋지 않은 책", "정부의 개입을 요구하는 대중의 생각에 깔린 선입견만 다룬 책"이라는 비판이 있는 반면, "우리 세대에 가장 중요한 책 중의 하나"라는 정반대의 극찬도 있었다. 아무튼 이 책은 출간과 함께 최소 백만 부 이상이

판매되는 베스트셀러가 되었다. 『동물 농장』(1945)과 『1984』(1949)를 쓴 조지 오웰은 『노예의 길』에 대해 "집산주의(경제적 자유주의의 반대 개념으로 토지·공장·철도·광산 등 주요 생산 수단을 국유화하여 정부의 관리하에 집중·통제하는 것을 이상으로 하는 이념)는 소수의 권력자에게 막대한 권력을 안겨준다. 하지만 대중의 입장에서 보면 '자유' 경쟁으로 돌아가는 것은 그보다 더욱 나쁜 폭정을 초래한다. 자유 경쟁의 폭정은 국가의 폭정보다 더욱 무책임하기 때문이다. 하이에크는 자유 경쟁이 필연적으로 독점을 초래한다는 점을 부인하고 있지만, 현실은 자유 경쟁이 다다르게 되는 곳은 독점이며, 대중은 집산주의로 쏠릴 것"이라고 비평했다.

그렇다면 하이에크가 그토록 강조하고 있는 자유주의와 자유 경쟁은 『노예의 길』에서 어떻게 묘사되고 있는가?

> 자유주의는 경쟁이 대개의 경우 알려진 방법 중 가장 효율적일 뿐만 아니라 더 크게는 권력의 강제적이고도 자의적인 간섭 없이도 우리의 행위들이 서로 조정될 수 있는 유일한 방법이기 때문에 경쟁을 우월한 방법으로 간주한다. 경쟁을 선호하는 핵심적 주장의 하나는 사회적 통제가 필요하지 않다는 점이고, 개인이 스스로 결정할 기회를 각자에게 부여한다는 점이다.

하이에크가 『노예의 길』에서 표적으로 삼은 것은 두 가지 악, 즉 자유를 축소시키려 하는 사회주의와 전체주의였다. 물론, 당시(제2차 세계대전) 소련이 영국과 미국 등 연합국에 참여하는 바람에 '공산주의'에 대한 비판 수위는 낮춰야 해서 나치즘과 파시즘을 더 많이 언급하고 있다. 어찌 됐든 중요한 점은 사회주의이든 파시즘이든 둘 다 시장의 작동을 폐기하고 포괄적 국가 계획을 위해 개인의 자유를 억압한다는 것이다. 하이에크에 따르면, 경제를 계획하는 사람들은 사회 구성원 각각의 개인들이 지닌 생각이나 의지를 제대로 알지 못한 채 경제를 계획하려 하기 때문에 독재자처럼 행동하게 된다는 것이다.

이것은 '치명적 자만'이 초래하는 결과로 시장에서 '자생적 질서'가 형성되는 것을 방해한다. 하이에크는 경쟁을 사회 조직의 원칙으로 삼아야 하며, 가격이란 개인이 내리는 수많은 경제적 판단을 반영한다는 확고한 신념을 갖고 있었다. 따라서 경제 활동과 관련해 특정한 방식의 강제적 간섭(사회주의, 전체주의, 집산주의 등)을 배제해야 한다고 주장한다. (사실 『노예의 길』에서 케인스를 겨냥해 제기한 주장은 거의 없으며, 케인스의 이름도 딱 두 번 나온다.) 그렇다고 하이에크가 모든 간섭을 부정한 것은 아니고 "경쟁의 작동에 상당한 도움을 줄 수 있는 다른 방식의 간섭은 인정하며, 특정한 방식의 정부 행동 또한 필요하다."라고 강조한다.

> 특정한 종류의 독성 물질의 사용 금지, 독성 물질 사용에 관한 예방 조치의 의무화, 근로 시간의 제한, 위생시설의 의무화 같은 것은 경쟁의 보존과 전적으로 양립한다. (정부의) 특정한

제한으로 얻게 되는 이득이 그와 같은 제한으로 입게 될 사회
적 비용보다 더 큰지가 유일한 관건이다.

하이에크는 당시 경쟁 체제를 제대로 작동하려는 관심이 소홀함을
지적하면서 경쟁이 효율적으로 작동하려면, 화폐 · 시장 · 정보망 등
과 같은 특정 제도들의 적절한 조직화가 필요하다고 주장했다. 경쟁
을 유지하고 경쟁이 작동하도록 하는 적절한 법 제도적 시스템이 필요
하다는 점을 강조한 것이다. 효과적인 경쟁 체제의 확립을 위해서는
법 제도의 틀이 필요하며, 사기나 기만을 방지하여 경쟁이 적절하게
작동하게 해야 한다는 것이 하이에크의 논리이다. 따라서 국가는 경
쟁이 최대한 효율적으로 작동할 수 있는 조건을 창출해야 하고, 스미
스의 말처럼 이윤이 나지 않는 특성을 지닌 서비스를 제공해야 한다.
국가가 아무런 일도 하지 않으면서 합리적으로 지켜질 수 있는 체제는
없기 때문이다. 결론적으로 "계획과 경쟁은 '경쟁을 위한 계획'이라는
형태로만 결합될 수 있고, '경쟁에 반하는 계획'이라는 형태로는 결코
결합될 수 없다."라는 것이 그의 주장이다.

하이에크는 케인스처럼 주기적으로 발생하는 만성적인 대량 실업
의 위험성도 인정하고, 이런 문제가 우리 시대가 해결해야 할 가장
시급한 문제라는 점에 대해서도 인정한다. 단지, 하이에크는 자신이
생각하는 해결책이란 게 정부의 개입은 아니라는 것이다. 즉 "대규
모 공공사업을 통해 실업을 치유하려는 해결책이 경제적 안전을 심각

하게 위협하는 요소에 대처하는 유일한 길도 아니고, 가장 그럴듯한 길도 아니기 때문"이라는 것이다. 또 문제 해결을 위해 자유를 위협하는 방향으로 나아가는 것은 바람직하지 않다는 것이다. 따라서 정부의 통화 정책에 의한 실업 문제 해결 방안에 대해서도 동의하지 않는다. 통화 정책의 결과로 전반적이고 대폭적인 물가 상승을 피할 수 없기 때문이다.

하이에크의 비판처럼 계획이 전체주의로 떨어지게 되는 위험천만한 비탈길이 될 수도 있겠지만, 하이에크 또한 비탈길에 서 있기는 마찬가지이다. 케인스는 『노예의 길』을 읽고 다음과 같이 비평했다.

> 진지한 비판을 한 가지만 하겠네. 자네는 이 책에서 선을 그어야 하는 곳이 어디인지를 아는 것이 관건이라고 주장하면서도, 자네는 어디에 선을 그어야 할지 아무런 지침을 제시하지 않았네. 내 짐작이지만 자네는 중도(中道)의 실행 가능성을 과소평가하고 있는 것 같네. 자네가 극단은 안 된다는 지점에 선을 긋는 순간, 물론 자네와 내가 선을 긋는 지점은 다르겠지만, 계획이라는 방향으로 한 발짝이라도 내딛게 된다면, 어쩔 수 없이 자네 또한 비탈길로 들어서게 될 것이네.

다시 조지 오웰이 했던 말, "경쟁이 문제가 되는 것은 경쟁을 독식하는 누군가가 나온다는 점이다." 우리에겐 모든 계획을 싸잡아 비난하고 부정할 것이 아니라 이로운 계획과 해로운 계획을 구별할 줄 아

는 지혜가 필요하다. 하이에크는 말년에 "케인스는 세상을 떠나 성인
(聖人)이 되었지만, 나는 『노예의 길』을 쓰는 바람에 신뢰를 잃었다."
라고 회고했다고 한다.

◆ 케인스 vs 하이에크:

케인스

- 민간 경제는 완전 고용에 도달하지 못할 수 있으므로 정부 지출로 완전 고용을 추구할 필요 있음
- 저축과 투자에 관한 고전경제학파의 주장 비판
- 정부가 지출을 늘리면 지출한 금액보다 더 많은 수요가 창출됨(승수 효과)
- 실업 문제 해결을 위해 '승수 효과'의 적용
- 총수요는 소비자의 지출과 투자를 통해 결정되므로 실업 문제 해결을 위해 정부가 유효수요 창출을 위한 투자의 사회화를 주도적으로 해야 함

하이에크

- 자유를 축소시키려는 사회주의와 전체주의 비판
- 경쟁을 유지하고 경쟁이 작동하도록 하는 법제도 필요
- 치명적 자만에 의한 자생적 질서 형성 방해 행위 비판
- '경쟁을 위한 계획'이라는 형태로만 결합될 수 있고, '경쟁에 반하는 계획'이라는 형태로는 결코 결합될 수 없음
- 효과적인 경쟁 체제의 확립을 위한 법 제도의 틀 필요

롤스
J. Rawls

**"각자는 모든 사람의 자유의 체계와 양립할 수 있는
평등한 기본적 자유의 가장 광범위한 전체 체계에 대해
평등한 권리를 가져야 한다"**

　규모가 크든 작든 인류가 정치 공동체를 형성한 배경과 목적에는 '공정'에 관한 인류의 보편적 욕구가 자리 잡고 있다고 할 수 있다. 사전적 의미로 '공정(公正)'이란 "공평하고 올바름"이고, '공평'이란 "어느 한쪽으로 치우치지 않고 고름"이다. 공자가 일찍이 통치자는 백성의 가난보다 고르지 못함을 염려해야 한다고 말한 것이나, 플라톤이 정의란 각자에게 각자의 공정한 몫을 주는 것이라고 말한 것, 그리고 아리스토텔레스가 정의를 '중용'의 관점에서 적절하고 마땅한 중간 지점을 찾는 것이라 말한 것은 정의와 공정이 모든 정치 공동체의 한결같

은 이상이었음을 보여준다. 이제 다루게 될 롤스(1921~2002)는 자유주의적 전통 안에서 정의에 관한 새로운 이론을 제시한 하버드대 철학과 교수였으며, 학자로서 자신의 삶을 하나의 주제, 즉 정의를 깊이 탐구해 온 인물로 유명하다. 그의 대표적인 저술로『정의론』(1971), 『정치적 자유주의』(1993),『만민법』(1999),『도덕 철학사 강의』(2000), 『공정으로서의 정의: 재서술』(2001) 등이 있다.

  사회를 구성원들의 선을 증진하기 위한 하나의 협동체로 보았던 롤스는 정의(옳음, the right)와 관련해 선(좋음, the good)의 최대화를 추구하는 공리주의의 목적론적 정의관을 비판하는 한편, 전통적인 계약론적 관점과 의무론적 관점을 결합한 평등주의적 자유주의 정의관을 제시한다. 그는 하나의 사상 체계가 갖추어야 할 제일 덕목이 '진리'라면, 사회 제도가 갖추어야 할 제일 덕목은 '정의'이므로 아무리 정교하고 간결한 이론이더라도 그것이 진리가 아니라면 수정 또는 거부되어야 하는 것처럼, 사회의 법과 제도 또한 그것이 아무리 효율적이더라도 정당하지(정의롭지) 못하다면 수정 또는 폐기되어야 한다는 말로 자신의 정의론을 시작한다.

  롤스는 사회 전체의 복지나 선의 최대화를 명분으로 내거는 공리주의적 정의관에 대해 각자에게는 결코 유린될 수 없는 기본적 권리가 있다고 논박한다. 따라서 다수의 이익이나 선의 증대를 위해 개인이나 소수의 자유를 위반하거나 무시하는 것은 용납될 수 없고 정당하지도 않다는 것이다. 이 점에서 롤스는 정의의 출발점을 개인의 존엄성 또는 평등한 시민적 자유의 개념에 두고 있다고 할 수 있다. 그의 논리를 따른다면, 정의에 의해 보장된 기본적 권리들은 사회적 이익의 계산이나 정치적 흥정의 대상이 될 수 없다.

롤스가 강조하는 개인의 존엄성은 구체적으로 자유와 권리로 표현되며, 이는 자연스럽게 이를 보장하기 위한 정의로운 사회의 기본 구조를 요구하게 된다. 또 사회의 기본 구조는 구성원들에게 기본적 권리와 의무, 사회 협동체의 이득과 부담을 차별 없이 공정하게 분담하게 하는데, 이것이 롤스의 정의 개념을 이루게 된다. 그리고 이러한 권리와 의무의 할당은 공정해야 하므로 그것은 구성원 모두의 합리적 선택(동의)을 전제로 해야 한다는 것이 롤스의 논리이다.

하지만 롤스는 각 개인은 자신의 목적을 이루기 위해 더 큰 분배의 몫을 위하기 때문에 개인들 간 이해관계 충돌은 피할 수 없을 것이라 진단하고, 이를 해결하기 위해 계약론적 전통에 따라 각자가 모두 최초의 공정한 상황에서 무지의 베일에 놓여 있다는 원초적인 가설적 상황을 제안한다. 그리고 이로부터 정의에 관한 보편적 원칙을 도출해 내고자 한다. 이처럼 그는 사회의 기본 구조의 운영을 위한 정의의 원칙들은 원초적 상황에서 합의할 대상이라고 본다.

한편, 롤스에 의하면 원초적 상황에서 각 개인은 자유롭고, 평등하며, 합리적이고, 자신의 이익을 증대하려는 계산 능력을 지니며, 서로에 대해 무관심하며 다른 사람의 이익에는 관심을 두지 않는다고 가정된다. 또 각자는 자신이 타고난 재능이나 능력, 가치관 및 심리적 성향, 사회·경제적 지위에 대해서도 모르는 것으로 가정된다. 롤스에 의하면, 각자는 이와 같은 무지의 베일이라는 최초의 공정하고 평등한 조건에서 사회의 기본 구조를 규정짓는 원칙들에 대해 참여하게 되는데, 이 상황에서 당사자들이 선택(합의)할 정의의 두 원칙은 다음과 같을 것이라고 추론한다.

> 첫째, 각자는 모든 사람의 자유의 체계와 양립할 수 있는 평등한 기본적 자유의 가장 광범위한 전체 체계에 대해 평등한 권리를 가져야 한다.
> 둘째, 사회적·경제적 불평등은 다음 두 조건을 충족해야 한다.
> (a) 모든 사람들에게 이익이 되리라는 것이 합당하게 기대되고,
> (b) 모든 사람에게 개방된 직위와 직책이 결부되도록 편성되어야 한다.

롤스는 『정의론』에서 제시했던 위의 정의의 원칙들을 『공정으로서의 정의: 재서술』에서 일부 수정하여 아래와 같이 제시한다.

> 각자는 평등한 기본적 자유들의 충분히 적절한 체계에 대해 동일한 불가침의 권리를 가지며, 이 체제는 모두가 동일한 자유들의 체제를 갖는 것과 양립한다(평등한 자유의 원칙).
> 사회적·경제적 불평등은 다음의 두 조건을 충족해야 한다.
> (a) 그것은 공정한 기회균등의 조건하에 모두에게 열려 있는

직책과 지위에 결부되어야 한다(공정한 기회 균등의 원
칙). 그리고

(b) 그것은 사회의 최소 수혜자들의 최대 이익에 부합해야 한
다(차등의 원칙).

이미 말했듯이 정의의 원칙들은 사회의 기본 구조에 적용되며, 구성
원들의 권리와 의무의 할당을 규제하며, 사회적·경제적 이익의 배분
을 규제한다. 그리고 제1원칙의 '기본적 자유들'에는 사상과 양심의 자
유, 신체의 자유, 정치적 자유, 결사의 자유, 사유 재산을 소유할 권
리, 법치와 관련된 자유와 권리 등이 있으며, 이것은 각자에게 평등해
야 하며, 자유는 자유를 위해서만 제한될 수 있다. 따라서 기본적 자
유들 중에서 어떤 것도 절대적이지 않으며, 그것들이 서로 충돌할 때
에는 제한될 수 있다.

제2원칙에 따르면, 재산 및 소득의 분배가 반드시 균등할 필요는
없지만, 그것은 모든 사람에게 이익이 되도록 편성되어야 하며, 동
시에 권한을 갖는 직위와 명령을 내릴 수 있는 직책은 누구에게나
개방되어 있어야 한다. 제2원칙에서 '공정한 기회의 균등'이란 자연
적 자유의 체계에서 나타나는 형식적 기회의 평등이 지닌 결함을 교
정하려는 것으로 사회의 모든 분야에서 유사한 재능과 동기를 가진
사람들에게는 동일한 성공과 성취의 전망이 주어져야 한다는 것이
다. 이처럼 제2원칙은 사회적·경제적 불평등은 모든 사람에게 이익
이 되도록 편성되어야 한다는 내용을 담고 있다. 롤스는 정의에 관

한 이런 원칙들은 우선성이라는 서열적 순서(축차적 서열)로 배열된다는 점을 강조하는데, 이에 따르면 제1원칙은 제2원칙에 우선하며, 제2원칙에서는 공정한 기회균등의 원칙이 차등의 원칙에 우선한다는 것이다.

한편, 롤스는 '공정으로서 정의'라는 자신의 입장은 '순수 절차적 정의'라는 특징을 지니며, 이것은 '완전 절차적 정의'나 '불완전 절차적 정의'와는 구별된다는 점을 강조한다. 순수 절차적 정의, 즉 공정한 원초적 상황에서 도출된 정의의 원칙은 정의에 관한 바르고 공정한 절차는 있지만, 올바른 결과에 대한 '독립된 기준'은 존재하지 않는다는 것이다. 따라서 바르고 공정한 절차가 있으므로 이것을 제대로 따르기만 한다면, 내용에 상관없이 결과 또한 바르고 공정하게 된다. 비유해 말하자면, 공정하게 확립된 게임(노름)의 규칙을 따른다는 말은 정의로운 결과를 결정짓는 절차가 실제로 수행된다는 것을 의미하며, 이에 따라 공정한 내기의 결과로 발생한 것이라면 어떤 식의 재화의 분배도 거의 모두 정의롭거나 공정하다고 말할 수 있게 된다는 의미이다. 공정한 절차는 그 결과에 공정성(정의)을 부여하게 된다. 이와 달리 완전 절차적 정의는 한 사람이 케이크를 자르고, 케이크를 자른 사람은 맨 나중에 남은 한 조각의 케이크를 가져가도록 하는 것에 비유할 수 있다. 여기에는 어떤 결과가 정의로운지를 결정하는 독립된 기준이 존재하고, 그러한 결과를 보장하는 절차 또한 존재한다는 특징이 있다. 불완전 절차적 정의란 형사 재판의 사례로 알 수 있다. 비록 법을 주의 깊게 따르고 절차를 제대로 공정하게 밟았다고 하더라도 그릇된 결과에 이를 수 있기 때문이다. 이것은 올바른 결과에 대한 독립적 기준은 있지만, 이를 보장할 만한 절차가 결여되어 있다.

롤스는 자신이 제시한 정의의 원칙의 연장선에서 현대의 시민 불복종에 대해 분명한 입장을 제시한 것으로도 유명하다. 그는 시민 불복종은 "민주 사회의 기본 원리를 받아들이는 사람들이 갖는 양심적 신념들 간 불일치를 보여주는 것"으로 "법이나 정부의 정책에 변혁을 가져올 목적으로 행해지는, 공공적이고 비폭력적이며 양심적이기는 하지만, 법에 반하는 정치적 행위"라고 정의한다. 그에게 시민 불복종은 "대체로(거의) 정의로운 사회에서 특수한 경우"를 위해 마련된 것이며, 그것은 정의의 원칙, 특히 평등한 자유의 원칙과 공정한 기회균등의 원칙에 대한 지속적이고 심각한 위반이 일어나는 합법적으로 확립된 민주적 권위를 지닌 국가 내에서 그 체제의 합법성을 인정하고 받아들이는 시민들에게서만 일어날 수 있다.

이렇게 보면 시민 불복종은 다수결의 원칙이 갖는 성격이나 한계와 관련된다. 왜냐하면 입법을 위한 절차로서 민주적 다수결의 원칙에 따라 제정된 법이 곧바로 정의로운 법이라고 단정지을 수는 없기 때문이다. 이 때문에 시민 불복종은 법에 대한 충실성의 한계 내에서 법에 대한 불복종을 표현하는 행위로 나타나며, 이를 통해 입헌 체제를 안정시키는 기능을 수행할 수 있다. 물론 이러한 시민 불복종은 평등한 자유와 공정한 기회균등의 원칙과 관련되므로 사회의 다수가 공유하고 있는 정의관(정의감)에 호소해야 하고, 그것에 근거해야만 한다.

롤스에 의하면, 시민 불복종은 다수자에게 정상적인 호소를 성실하게 했음에도 성공적이지 못할 경우 선택할 수 있는 최후의 대책이다. 시민 불복종의 이러한 성격에도 불구하고, 롤스는 시민 불복종이 체제의 파멸이나 극심한 무질서, 또는 그로 인해 사회의 모든 구성원에게 불행한 결과를 초래하게 해서는 안 되기 때문에 시민 불복종의 범위에 대한 제한이 필요하다고 강조한다. 아무튼 롤스에게 시민 불복종은 불법적이기는 하지만, 입헌 체제를 안정시키는 방도가 될 수 있고, 정의로운 제도를 유지하고 강화하는 데 도움이 될 수 있으며, 질서 정연한 사회 또는 거의 정의로운 사회의 안정에 기여할 수 있다.

롤스

- 계약론적 전통을 수용하여 원초적 상황의 무지의 베일에 기초해 정의의 원칙을 도출함
- 정의의 제1원칙: 평등한 자유의 원칙, 제2원칙: 공정한 기회균등의 원칙, 차등의 원칙
- 무지의 베일에서 각 개인은 가치관, 사회·경제적 지위, 심리적 성향 등에 대해 무지하며, 자신의 이익 추구 성향을 지니고, 타인에 대해 무관심함
- 정의의 원칙은 사회의 기본 구조를 운영하는 원칙이 되며, 원초적 상황에서 합의의 대상임
- 제1원칙의 기본적 자유들(사상과 양심, 신체, 정치, 결사의 자유, 사유 재산을 소유할 권리 등)은 자유를 위해서 제한될 수 있음

- 공정으로서의 정의, 순수 절차적 정의: 공정한 절차에 의한 결과의 공정성(정의로움)

- 시민 불복종: 대체로(거의) 정의로운 사회에서 다수의 공유된 정의관에 근거해 정당화될 수 있는 불법적 행위임

- 시민 불복종은 합법적으로 확립된 민주적 권위를 인정하는 시민들에게서만 일어날 수 있음

- 시민 불복종은 법에 대한 충실성의 한계 내에서 법에 대한 불복종을 표현하는 행위이므로 법적 처벌을 감수함

노직
R. Nozick

"강압, 절도, 사기 등의 범죄로부터 개인을 보호하며,
계약을 이행하게 하는 협소한 기능들로 제한되는 최소 국가가
정당한 국가이다"

    앞의 롤스가 사회 계약론의 전통을 재구성하여 평등주의적 자유주의 정의론을 제시했다면, 이제 검토할 노직(1938~2002)은 자신의『아나키, 국가 그리고 유토피아』(1974)에서 고전적 자유주의의 기본 개념들, 예를 들어 자연 상태, 자연권, 소유권, 계약, 보이지 않는 손, 야경국가 등에 대한 재검토를 통해 자유 시장과 소유 권리의 절대성, 그리고 최소 국가 등 '자유 지상주의'를 유토피아적 틀로 제시한다. 노직의 이 책은 롤스의『정의론』에 비견될 만큼 역작으로 꼽히기도 한다. 전해지는 바에 의하면, 노직은 소크라테스적 논변에 탁월했으며, 대학원 시절에는 철학 신동으로 불릴 만큼 유명했다고 전해진다. 또 하버드대학교 철학과 교수가 된 다음에는 연구를 수행하면서 정부의 연구비를 전혀 받지 않겠다는 원칙을 충실히 지켰고, 채식주의자로서 신념을 실천한 것으로도 널리 알려져 있다.

노직의 주장은 롤스의 주장과 비교해 이해하면 더 분명하게 드러난다. 롤스는 정의의 두 원칙에 의해 규제되는 사회를 질서 정연한 정의로운 사회로 제시했고, 사회적·경제적 불평등은 모든 사람에게 이익이 되며, 특히 최소 수혜자의 몫이 최대가 되도록 하는 차등의 원칙과의 관계 속에서 정당화된다. 차등의 원칙은 경제적 불평등을 정당화하는 필요충분조건인 셈이다. 물론 롤스가 최소 수혜자가 최대 수혜자보다 더 많은 몫을 가져야 한다고 주장하는 것은 아니다. 또 롤스는 개인의 천부적 재능이나 자질은 우연적인 것이므로 개인은 그것에 대해 '응분의 자격'이 없으므로 '사회적 자산'으로 간주하는 것이 바람직하다고 보며, 협동체인 사회는 이것을 상호 이익을 위해 쓰이도록 해야 한다는 입장을 취한다.

하지만 노직은 롤스의 이런 논리가 개인의 책임을 근거 없는 것으로 만들어버린다고 비판한다. 또 각 개인이 어떤 것을 갖기 위해 그것에 대한 '자격'이 있어야만 하는 것은 아니라고 주장한다. 즉 각 개인은 자신의 자연적 능력이나 재능을 가질 '자격'이 없더라도 그 능력과 재능에 대한 '권리'를 가질 수 있다는 것이다. 그뿐만 아니라 노직은 롤스의 차등의 원칙이 개인의 독립성을 침해한다고 비판한다. 즉 최대 수혜자를 최소 수혜자를 위한 수단으로 이용하는 것처럼 보인다는 것이다. 노직의 주장은 평등에 대한 반대로 정점에 이른다. 그는 불평등한 사회를 부정의한 사회로 보는 것, 그리고 필요에 따른 분배가 정의롭다는 주장을 정면으로 반박한다. 필요에 따른 분배는 터무니없는 결과를 초래하게 되는데, 예를 들어 의료혜택이 필요한 사람에게 의료혜택을 제공해야 한다면, 머리를 깎아야 할 필요가 있는 사람에게도 필요에 따라 머리를 깎을 혜택을 제공해야 할 것이기 때문이다.

그렇다고 노직이 무정부주의를 주장하려는 것은 아니다. 그는 개인의 권리를 침해하지 않으면서도 국가는 존재할 수 있다고 본다. 이를 설명하기 위해 그는 소유물에 대한 소유 권리의 성립을 설명하는 로크의 자연 상태에 대한 묘사로부터 출발하여 '자발적 보호 협회 → 지배적 보호 협회 → 극소 국가 → 최소 국가'에 이르기까지의 과정으로 설명한다. 그가 말하는 최소 국가는 고전적 자유주의, 즉 자유 방임주의에서 말하는 야경국가와 흡사하다.

> 국가에 관한 나의 결론은 다음과 같다. 첫째, 강압, 절도, 사기 등의 범죄로부터 개인을 보호하며, 계약을 이행하게 하는 협소한 기능들로 제한되는 최소 국가가 정당화될 수 있다. 둘째, 최소 국가 이상의 포괄적 국가는 특정의 것들을 하도록 강제되지 않을 개인의 권리를 침해하게 될 것이다. 셋째, 최소 국가는 옳을 뿐만 아니라 우리의 영감을 고취할 것이다. 국가는 일부 시민들이 다른 시민들을 돕게 할 목적으로, 또는 시민의

선(善)을 위해 특정 행위를 금지할 의도로 강제적 수단을 사용해서는 안 된다.

이처럼 노직에 의하면, 국가는 폭력이나 절도, 사기, 계약의 불이행으로부터 개인의 권리를 보호하는 한에서만 정당화될 수 있다. 국가의 유일하고 정당한 활동이자 목적은 오직 시민의 권리 보호에 있기 때문이다.

한편, 각 개인의 권리 보호에 초점을 맞추고 있는 노직의 '소유 권리론'은 세 가지 원리, 즉 획득, 이전, 교정의 원리에 기초하고 있다. 이에 따르면,

첫째, 취득에 관한 정의의 원리에 따라 소유물을 취득한 자는 그 소유물에 대해 소유 권리를 지닌다.
둘째, 이전에 관한 정의의 원리에 따라 어떤 소유물이 그 소유물에 대한 소유 권리를 지닌 자로부터 취득한 자는 그 소유물에 대해 소유 권리를 지닌다.
셋째, 첫째와 둘째의 (반복적) 적용에 의하지 않고서는 그 소유물에 대해 소유 권리를 지닐 수 없다.

첫 번째의 '취득에서의 정의의 원리'는 소유물의 최초의 취득, 즉 소유되지 않는 것들의 사유화와 관련된다. 두 번째의 '이전에서의 정의의 원리'는 한 사람으로부터 다른 사람에게로 소유물의 정당한 이전의

통합사회와 윤리 교과서의 사상가들

문제와 관련된다. 그리고 세 번째의 '소유물에서의 부정의의 교정 원리'는 소유물의 부당한 취득과 이전, 예를 들어 절도나 사취(속여서 빼앗음), 수탈, 노예화 등에 의한 불의를 시정하는 문제와 관련된다. 이처럼 노직의 소유물에서의 정의의 이론에 따르면, 한 사람의 소유물은 취득과 이전에서 정의의 원리, 불의의 교정의 원리에 의해 그에게 정당한 소유 권리가 발생한다.

또 노직은 자신의 소유 권리론은 역사적이며 비정형적 원리를 따른다고 주장하면서 비역사적이고 정형적인 원리를 비판한다. 예를 들어 도덕적 공과(功過)를 기준으로 분배하려는 것은 고정된 분배 기준을 제시하기 때문에 정형적이라고 할 수 있다. 정형적 이론들은 주로 노동, 필요, 가치나 공과 등을 기준으로 분배해야 한다고 주장한다. 노직은 분배적 정의에 관한 거의 모든 이론들이 정형적이라는 특성을 지니기 때문에 거부되어야 한다고 주장한다.

한편, 노직은 공리주의 또는 복지에 관한 주장들은 분배에 관해 오직 현재의 정보만을 중요하게 여긴다는 점에서 비역사적이라고 비판하며 거부한다. 즉 현재의 유용성이나 현재의 소유 또는 분배 상태만을 고려함으로써 소유나 분배가 누구에게 어떻게 이루어져 왔는지, 그리고 그렇게 받은 몫이 정당한 것인지에 대한 고려를 하지 않는다는 것이다. 노직은 현재의 상태가 역사적 과정 속에서 어떻게 이루어져 왔는지를 고려해야 한다고 강조한다.

노직의 이론은 정의로운 상황에서 정의로운 단계(절차)를 거쳐 발생하는 것은 무엇이든 그 자체로 정의롭다는 생각에 기초하며, 정당한 소유권은 배타적으로 유지되는 것이 정의로우므로, 사회적 불평등이나 경제적 불평등은 고려 대상으로 삼지 않는다는 특성이 있다. 그의 소유 권리론은 정당한 권리에 근거하여 소유물에 대한 배타적 소유를 주장하는 이론이기 때문이다.

노직

- 자유 지상주의와 최소 국가
- 최소 국가: 국가 기능을 강압, 절도, 사기 등의 범죄로부터 개인의 소유 권리 보호 및 정당한 계약의 이행이 이루어지게 하는 것으로 제한
- 소유 권리론: 취득에 관한 정의, 이전에 관한 정의, 교정에 관한 정의
- 소유 권리론의 특징: 역사적이며 비정형적 원리에 충실함
- 소유 권리를 지닌 당사자의 자발적 선택을 강조함
- 소유 권리론은 정당한 소유물에 관한 절대적 · 배타적 소유 권리를 강조함
- 국가는 정당한 소유 권리의 보호를 위해 세금을 부과할 수 있음

요나스
H. Jonas

"모든 생명체는 자신에 대해 더 이상의 정당화를 필요로 하지 않는 고유한 목적이다"

요나스(1903~1993)는 과학기술의 발달 및 생산력의 증대를 통해 유토피아를 건설할 수 있다는 믿음을 지녔던 베이컨과 마르크스의 기획을 비판한다. 요나스에 의하면, 마르크스는 인간이 노동을 통해 자연을 가공하고 변형함으로써 인간의 진정한 본질을 실현할 수 있으며, 이로써 자유를 성취할 수 있다고 보았다는 점에서 근대의 인간 중심적이고 도구적 기술관으로부터 자유로울 수 없다는 것이다.

요나스는 자신의 『책임의 원칙: 기술 시대의 생태학적 윤리』(1979)의 첫 문장을 '과학에 의해 지금까지 없었던 힘을 갖게 되고, 경제에 의해 끊임없는 동력을 얻게 되어 마침내 사슬에서 풀려난 프로메테우스가 자신의 힘(권력)이 인간에게 불행이 되지 않도록 자신의 권력에 대한 자발적 통제를 위한 새로운 윤리를 요청받고 있다'는 말로 시작하고 있다. 요나스가 이렇게 시작한 이유는 오늘날 권력이 된 기술이 생태계를 위협하는 것은 물론 유전 공학을 통해 인간마저 변형시킬 수 있는 절대 권력이 되어가고 있기 때문이며, 또한 동시에 그에 비례하여 과학기술의 윤리적 책임을 말하기 위해서이다. 즉 현재의 기술 권력은 모든 존재를 비존재로, 그리고 유(有)를 무(無)로 변화시킬 수 있는 힘을 갖고 있으며, 이 때문에 그에 상응하는 윤리적 책임을 요구받아야 한다는 뜻이다.

요나스에 의하면, 기술 시대의 윤리 문제는 기술에 의해 변질된 인간 행위의 성격 및 본질의 변화와 관련된다. 왜냐하면 기술의 힘에 의해 인간 행위의 본성이 바뀌었고, 이에 따라 자연은 신의 의지가 반영된 피조물이므로 파괴될 수 없는 자연이 아니라 기술에 의해 지배되고 파괴될 수 있는 자연으로 바뀌었으며, 이로써 자연은 물론, 인간 자신까지 기술의 지배 대상으로 전락했기 때문이다. 요나스는 이 문제를 기술 시대에 대한 전통 윤리의 한계로 인식하며, 먼저 전통 윤리에서 나타나는 인간 행위의 특성을 다음과 같이 요약한다.

첫째, 전통 윤리학은 인간 외적인 세계와의 관계에서 윤리적으로 중립적이다. 따라서 전통 윤리학에서 인간의 행위가 인간이 아닌 대상에게 미치는 영향은 윤리적으로 중요한 의미를 만들어내지 않는다.

둘째, 전통 윤리학에서 윤리적 의미란 인간과 인간의 직접적 교섭과 관련된다는 점에서 모두 인간 중심적이다.

셋째, 이렇게 볼 때 인간과 인간 행위의 본질은 변함이 없으며, 인간은 기술이 자신을 변형시킬 수 있다는, 즉 자신이 기술의 대상이 될 수 있다는 생각을 갖지 않았다.

넷째, 전통 윤리학에서 행위가 관심을 갖고 있는 행복과 불행은 그 행위와 매우 가까이 있으며, 따라서 실천 행위 자체에 있거나 실천의 직접적 범위 안에 있는 것이었다.

이런 특성들 때문에 전통 윤리학이 제시하는 도덕적 명령과 규칙들은 행위가 직접적으로 미치는 범위로 제한되는 성격을 지닌다. 즉 행동이 미치는 범위가 시간 및 공간적으로 한정적이기 때문에 장기적인 진행 과정은 우연이나 행운에 맡겨두게 된다는 것이다. 결국 전통 윤리학은 '지금' '여기'와 관련된 것을 이야기하게 되는데, 그것은 인간관계에서 일어나는 일과 관련된 것들을 다루면 된다는 것이다. 이로 인해 전통 윤리 규범들은 기본적으로 호혜성을 기반으로 하고 있었는데, 이러한 성격은 "다른 사람이 너에게 하기를 바라는 대로 너 또한 그렇게 행하라.", "다른 사람을 항상 목적 그 자체로 대우하라." 등에서 잘 드러난다.

인간 중심적 전통 윤리학의 이와 같은 특성과 한계에 기초해 요나스는 자신이 제시하는 새로운 '책임 윤리'는 아직 존재하지 않는 미래에 대한 책임, 즉 앞으로 존재할 가능성에 기반하기 때문에 전통적인 인간 중심적 윤리와 구별된다고 주장한다. 즉 전통 윤리는 인간다운 삶을 위한 전 지구적 조건, 그리고 종(種)의 먼 미래와 실존에 대해 관심을 가질 필요가 없었지만, 새로운 윤리는 인간의 권리와 의무에 관한 새로운 관점을 제시해야 한다는 것이다. 그리고 이에 따라 새로운 윤리로서 책임 윤리는 인간의 선(善)은 물론 인간 외적인 자연의 선에 대한 탐구를 요구하며, 목적 자체의 개념을 인간을 넘어 미래 세대와 생명(자연)으로까지 확장해야 한다. 즉 책임의 지평을 동시대의 공간을 넘어 불확정적 미래로 확장할 것을 요구한다. 요나스는 자신의 새로운(책임) 윤리는 생태학적 관점에 기초해 정립되며, 그것은 '할 수 있음(능력)'에 근거해 '해야 함(당위)'을 구성하는 형식, 즉 정언명령의 형식으로 제시될 수 있다고 주장한다.

너의 행위의 결과가 지상에서의 진정한 인간적 삶의 지속과 조화를 이루도록(양립하도록) 행위 하라.
너의 행위의 결과(효과)가 인간 생명의 미래 가능성에 파괴적이지 않도록 행위 하라(당위).
지상에서 인류의 무한한 존속을 가능하게 하는 모든 조건을 위협하지 말라.
미래 인간에 대한 불가침성을 네가 함께 바라야 하는 대상이 되도록 지금 여기에서의 선택에 포함하라.

이처럼 요나스의 책임 윤리는 인류의 지속적 삶의 조건에 관한 것이며, 이 때문에 현세대의 행위가 초래할 결과가 인류의 미래 존속(실존)과 양립할 것을 요구하고, 미래 세대에 대한 현세대의 책임과 의무를 강조한다. 요나스는 인간은 행위를 하는 존재이고, 윤리는 행위를 규제하는 성격을 지닌다고 보는데, 이에 따라 행위가 미치는 힘이 크면 클수록 책임의 필요성 또한 커야 한다고 본다. 따라서 현재의 기술 지배 권력, 즉 새로운 종류의 행위 능력은 그에 합당한 새로운 윤리 기준을 요구받아야 하며, 그것이 곧 책임의 원칙, 즉 책임 윤리라는 것이다. 그리고 이것은 '공포의 발견술'을 통해 '예견적(예방적) 책임'으로 제시된다. 왜냐하면 요나스에 의하면, "위험이란 실패보다 성공 안에 도사리고 있기 때문이다."

이에 따르면, 만약에 살인이 없었다면, 우리는 생명의 신성함을 알지 못했을 것이고, 또 이 때문에 "살인하지 말라."를 신성한 도덕 명령으로 정립하지 못했을지 모른다. 이와 비슷하게 거짓이 없었다면 진실의 가치를 알지 못했을지 모르고, 부자유가 없었다면 자유의 가치를 깨닫지 못했을지 모른다. 이런 점에서 우리가 찾고 있는 책임 윤리는 우리의 잘못된 판단으로 이런 일을 당하지 않도록 미리 예방하고 지켜줄 수 있게 해 줌으로써 인간 개념을 한층 발전시킬 수 있도록 도와준다. 위험과 위협이 무엇인지를 알지 못한다면, 우리가 무엇을 보호하고 지켜야 하는지를 깨닫지 못할지도 모른다. 확실한 것은 악(惡)을 인식하는 것이 선(善)을 인식하는 것보다 훨씬 쉽다는 것이다. 즉 우리는 원하는 것보다 원하지 않는 것을 훨씬 쉽고 분명하게 안다.

이 때문에 우리가 무엇이 악인지, 도덕적인지를 탐구하고자 한다면, '공포의 발견술'이 유익한 출발점이 될 수 있다. 공포의 발견술은 우리가 수용해야 할 책임이 무엇인지를 분명하게 일깨우며, 이것은 책임 윤리의 시작점이 된다. 또한 이것은 이제 갓 태어난 아이에 대해 엄마가 지닌 일방적이고 비호혜적 책임과 같은 것이다. 이 점에서 책임 윤리의 이념은 전통 윤리의 이념적 기반이 되었던 호혜성이 아닌 비호혜성의 이념에 기초한다고 할 수 있다. 갓 태어난 어린아이에 대한 부모의 의무, 곧 책임은 본능적이고 무조건적이며, 인격적으로는 가장 강렬한 것이다. 왜냐하면 그 책임은 아이의 전체성, 아이 생명의 연속성, 아이의 미래 전체와의 연관성이라는 특성 때문이다. 같은 맥락에서 책임 윤리는 현세대의 미래 세대와 자연에 대한 책임을 포함한다(생명 공동체). 이처럼 요나스는 책임의 영역을 생명체 전체로 확장한다.

모든 생명체는 자신에 대해 더 이상의 정당화를 필요로 하지 않는 고유한 목적이다. 이 점에서 인간은 다른 생명체에 대해 우선권을 갖지 않는다. 단지 인간만이 다른 생명체들에 대해, 즉 생명체들의 자기 목적을 보호하기 위한 책임을 질 수 있다. 그렇더라도 모든 책임의 원형은 인간의 인간에 대한 책임이다. 책임 관계에서 이것은 의심의 여지가 없지만, (아무튼) 생명체로서 존재함이 곧 책임의 전제 조건이다.

요나스에 따르면, 생명 활동을 하는 존재는 모두 본성적으로 자기 안에 내재적이며 객관적인 목적을 지닌 존재이다. 따라서 모든 생명체는 자신의 고유한 목적을 지니는데, 바로 이 점에 의해 모든 생명체는 어떠한 정당화나 증명도 필요 없는 그 자체 목적으로서 존재한다. 또한 이 점에서 인간은 다른 생명체들에 비해 어떤 우선권을 가질 수 없다는 것이 요나스의 논리이다.

요나스

- 현대의 지배적 기술 권력에 대한 윤리적 성찰과 책임의 요청

- 책임 윤리: 미래 인류의 실존과 자연의 생명에 관한 현세대의 책임

- 전통적 윤리학이 실존하는 인격 간의 관계, 즉 호혜성의 이념에 기초한 인간 중심적 윤리라면, 새로운 책임 윤리는 앞으로 존재할 것이라는 미래 인류의 실존과 존속, 그리고 자연의 생명, 즉 비호혜성의 이념에 기초한 예방적 윤리임

- '공포의 발견술'에 의한 '예견적(예방적) 책임' 강조

- 생태학적 정언 명령: 너의 행위의 결과가 지상에서의 진정한 인간적 삶의 지속과 조화를 이루도록(양립하도록) 행위 하라

- 현세대의 행위가 초래할 결과가 인류의 미래 존속(실존)과 양립할 것을 요구하고, 미래 세대에 대한 현세대의 책임과 의무를 강조함

- 모든 생명체는 자신에 대해 더 이상의 정당화를 필요로 하지 않는 고유한 목적임: 생명체로서 존재함이 곧 책임의 전제 조건임

비롤리

페팃

비롤리
M. Viroli

페팃
P. Pettit

"모든 자유란 단지 간섭의 부재가 아니라
지배의 부재를 의미해야만 한다"

지금까지 다루었던 인물들과 달리 비롤리(1952~)와 페팃(1945~)은
정치철학 분야에서 현재 활동하고 있는 인물들이다. 또 자유주의, 공
동체주의 등은 비교적 익숙한 용어이지만 '공화주의'는 상대적으로 다
소 낯선 용어이기도 하다. 이제 다룰 주제는 '공화주의(republicanism)'
이다. 비롤리는 "공화국이란 법과 공공선에 기초해 주권자인 시민들
이 만들어낸 정치 공동체"라고 정의하면서 키케로와 루소의 말을 인용
한다. 키케로에 의하면, 공화국(국가)은 "인민의 것이다. 인민이란 무
작정 모인 사람들의 집합이 아니라 정의와 공동선을 위해 협력한다고
동의한 다수의 결사(모임)이다." 루소 또한 공화국의 특성을 법치와

196 통합사회와 윤리 교과서의 사상가들

공공선에서 찾는다. 그는 "정부형태가 어떤 것이든지 법에 의해 통치되는 모든 국가를 공화국이라 한다. 왜냐하면 이 경우에 비로소 공공선이 우위에 서게 되고, 공공의 것이 중요한 것이 되기 때문이다." 이로써 공화국의 기본 원리가 구체적으로 드러난다. 그것은 법치와 공공선, 인민의 것(공공의 것)이라는 근본 원리에 기초한다.

비롤리는 계속해서 공화국에 관한 또 하나의 근본 원리를 제시하는데, 그것은 '자유'에 관한 개념이다. 비롤리와 페팃 모두 공화주의에서의 자유를 벌린(1909~1997)이 주장하는 "타인에 의한 간섭의 부재"로서 소극적 자유와 구분해 자유의 개념을 "지배의 부재", 또는 "비지배 자유"로 제시한다.

> 진정한 자유는 한 사람이나 여러 사람의 자의(恣意, 제멋대로의 생각이나 판단)에 종속되지 않는 것이며, 법치의 엄격한 준수 외에 일상의 권리와 정치적 권리의 평등을 필요로 한다. 진정한 자유는 "인민이 최고 권력을 갖는 공화국에서만" 존재하며, "권리에 있어 절대적 평등을 허용한다(키케로)." 왜냐하면 "자유란 정의로운 주인을 갖는 것에 있는 것이 아니라 어떤 주인도 가지지 않는 데 있기 때문이다(루소)." (자유란 모든 사람을 똑같이 제한하는 법에만 복종하는 것이다.)

비롤리는 자유의 이러한 의미를 '비지배 자유'로 정의한다. 이에 따르면, 자유로운 인민은 복종하지만, 예종(隸從)하지는 않으며, 지도

자는 두지만 주인은 두지 않는다. 자유로운 인민은 오직 법에만 복종하며, 법의 힘 덕분에 타인에게 예종하도록 강제될 수 없는 것이다. 여기서 공화주의 핵심 개념 중 하나인 '지배(domination)'란 용어에 주목할 필요가 있다. 이 용어는 본래 이탈리아어 '노예를 지배하는 주인(dominus)'에서 왔는데, 이는 공적인 통치자나 지도자가 아닌 사적인 주인에 의한 지배를 의미한다. 따라서 맥락에 따라 '주종적 지배', '주종 관계', '사적 지배', '사적인 주종 관계' 등의 의미를 지닌 것으로 주인의 입장에서는 '지배'이고, 당하는 쪽에서 보면 '예속', '예종'이라 할 수 있다.

이러한 관계는 지배하는 쪽이 지배받는 쪽의 선택을 자의적으로 간섭할 수 있다는 것을 의미한다. 이에 따라 공화국(공화주의)은 공동체의 이익에 반하는 원칙 없는 권력이나 독재에 대항하며, 군주정과도 대립한다. 왜냐하면 좋은 주인이 악하게 될 수 있듯이 선한 군주도 얼마든지 악하게 될 수 있기 때문이다.

한편, 공화주의는 '공화국'과 '자유'의 이념을 실현하고 그것들이 존속할 수 있도록 시민적 덕성(시민 윤리)을 강조한다. 이것은 공화국을 위협하는 외부의 침략자들은 물론, 시민들을 예속하려 드는 정치적 부패라는 불의에 맞서는 것을 의미한다. 시민적 덕성, 즉 공적인 삶에 참여하려는 시민적 욕구의 핵심은 사사로운 이익이나 작은 일에 얽매이지 않고 전체적인 관점에서 판단하고 행동하는 '대승적 사랑'이다. 그것은 타인에게 가해지는 억압, 폭력, 불의와 차별을 마치 자신이 당하는 것처럼 느끼는 분노이자, 다른 시민들이 더 행복해지기를 바라기보다 덜 고통스럽기를 바라는 마음이다. 그것은 자유를 사랑하고, 세력가나 선동가들에게 종속되지 않고 공공선에 복무하려는 시민적 덕성이다. 공화국은 시민들의 애국심 없이는 유지될 수 없다.

비롤리와 페팃은 공화주의의 이러한 핵심 내용들은 한때 지배적 이념들이었던 자유주의와 공동체주의 전통과는 구별된다고 강조한다. '노예에 관한 비유'를 통해 벌린이 강조하는 간섭이나 강제의 부재로서 '소극적 자유'의 개념과 공화주의의 '비지배 자유'의 개념에 대해 살펴보자.

> 내가 누군가의 노예라고 할 때 나는 내가 무엇을 선택할 때 실질적으로 아무런 간섭을 받지 않고도 타인에 의해 지배받을 수 있다. 물론 내 주인은 친절하고 간섭하지 않는 사람일 수도 있다. 아니면 나는 하고 싶은 것을 마음대로 하면서도 처벌받지 않을 정도로 약삭빠르거나 아첨하는 사람일 수도 있다. 나에게 주인이 있는 한 나는 주인의 지배를 받고 있지만, 주인이 간섭하지 않는 한 나는 불간섭을 누린다.

이 이야기는 참된 자유의 조건으로 벌린이 강조하는 '소극적 자유'와 공화주의(비롤리, 페팃, 스키너)의 '비지배 자유'에 관한 비유이다. 자유주의자 벌린은 자신의 『자유의 두 개념』(1969)에서 소극적 자유, 즉 "자유로운 사람이란 그가 그의 힘과 재치로 할 수 있는 것들에 있어 자신의 의지로 무슨 일을 하는 데 방해받지 않는 사람"이라는 홉스의 명제에 기초해 자유의 반대를 '강제(coercion)'라고 주장한다. 즉 강제란 "내가 그것만 아니라면 이렇게 행동했을 영역에 다른 사람이 의도적으로 간섭하여 다르게 행동하게 만드는 것이다."

하지만 비롤리와 페팃은 자유는 강제나 간섭이 아니라 지배 혹은 예속(servitude, 남의 지배를 받거나 행동에 있어 남의 간섭에 매임)이며, 자유란 '비지배 자유'라고 주장한다. 그것은 "타인의 자의적 간섭에 비교적 잘 견딜 수 있음, 그리고 또한 동시에 사람들 사이에서 삶을 안전하게 영위할 수 있는 사회적 상태"로, 자유는 지배 또는 예속에 의해 파괴된다고 주장한다. 소극적 자유에 대한 침해가 간섭의 직접적 행위에 의해서만 일어나는 반면, 비지배 자유는 간섭할 수 있는 능력 자체의 현존에 의해서도 침해된다는 점이 중요하다. 따라서 지배나 예속 아래에 있는 자는 타인의 직접적인 간섭 없이도 끊임없는 자기검열을 통해 자신의 행동을 제한하게 됨으로써 자유를 침해받게 된다. 비롤리의 말처럼, "간섭이 작위(作爲, 의식적으로 한 적극적 행동) 또는 방해라면, 예속은 무엇보다 사람들이 공포를 가지고 움츠러들게 하는 개인 의지의 조건화이다." 즉 "간섭이 없이도 부자유(지배)가 가능하다."는 페팃의 주장과도 일치한다.

한편, 법치와 관련해서도 소극적 자유와 비지배 자유는 분명히 구분된다. 소극적 자유는 법 자체를 간섭으로 보기 때문에 자유에 대한 반대 개념으로 보려고 하는 반면, 공화주의는 법의 지배(법치)를 비지배 자유의 실현을 위한 필요조건으로 강조한다. 벌린은 법에 의한 지배는 그것이 정당하더라도 자유와는 반대되는 것이라 보지만, 페팃은 시민 모두를 똑같이 구속하여 시민 개개인을 타인들의 자의적 지배로부터 보호하는 사회적 장치라고 본다. 따라서 페팃의 입장에서 보면, 시민의 일반적 이익에 체계적으로 대응하는 법은 간섭의 형태이기는 하지만, 시민의 자유를 훼손하지 않는다. 즉 "간섭에 의한 자유가 가능하다." 공화주의의 이런 논리는 간섭이 없을 때(부재)조차도 자유의 상실이 일어날 수 있다는 점에 주목하고 있다. 무엇보다 공화주의자들은 공화주의의 이런 특성이 현대 사회의 다양한 '지배-예속'의 관계 철폐에 도움을 줄 수 있다고 강조한다.

> 예를 들어 시민들이 법을 두려워하지 않는 독재자나 과두 지배 계급에 의해 핍박받는 경우, 부인이 남편에게 학대당하면서도 법의 보호를 받지 못하는 경우, 근로자가 고용주의 횡포에 놓이게 되는 경우 등 현대 사회에 존재하는 수많은 지배와 예속의 관계들은 실제로 간섭 없이도 성립하는데, 소극적 자유는 지배-예속의 관계에 무관심한 반면, 비지배 자유는 그렇지 않다.

이처럼 공화주의의 비지배 자유는 지배-예속의 상태를 없애는 것을 시민적 자유의 핵심으로 삼는다. 예속 상태에 있다는 것은 그 자체만으로도 속박(束縛, 사람을 강압적으로 얽어매거나 자유롭지 못하게 함)의 원인이며, 속박의 한 형태이기 때문이다. 따라서 "자유는 단지 간섭의 부재가 아니라 지배의 부재를 의미해야만 한다."라는 것이 공화주의 입장이다.

비롤리, 페팃

- 자유주의의 '소극적 자유'의 개념을 비판하고, '비지배 자유'를 자유의 개념으로 강조함

- 자유로운 사람(시민)은 복종하지만 예종(隷從)하지 않으며, 지도자는 두지만 주인은 두지 않음

- 공화주의 근본 원리: 법치, 공공선, '공공의 것', 비지배 자유

- 간섭받지 않은 노예의 자유는 참된 자유가 아님: 참된 자유는 간섭의 부재가 아니라 지배의 부재(비지배 자유)임

- 자유의 반대는 강제나 간섭이 아니라 지배나 예속임

- 간섭이 없더라도 부자유 상태에 놓일 수 있으므로 지배가 가능함(즉 부자유)

- 자의적 지배를 막는 적절한 법은 간섭하더라도 자유를 훼손하지 않음

- 대승적 사랑: 공적인 삶에 헌신하는 시민적 덕성 강조

30

공자
孔子

"정치란 스스로 몸을 닦아 다른 사람과 백성을 편안하게 해 주는 것이다"

 공자(기원전 551~기원전 470)는 잘 알려진 것처럼 주(周) 왕조의 제후국인 노(魯)나라에서 태어났으며, 그의 시대는 주(周) 왕조가 쇠퇴해 가던 때로 예악(禮樂)이 제대로 행해지지 않던 춘추시대[주(周) 왕조는 견융족에게 쫓겨 수도를 동쪽인 낙양으로 옮긴(동주) 기원전 770년부터 기원전 403년까지의 시기로 공자가 엮은 노나라 역사서 『춘추』에서 유래하며, 제(齊)나라 환공, 송(宋)나라 양공, 진(晉)나라 문공, 진(秦)나라 목공, 초(楚)나라 장왕을 춘추오패라 함]의 혼란기였다. 공자의 이름은 '구(丘, 언덕)'인데, 이것은 그의 어머니가 공자를 가졌을 때 니구산에 들어가 기도를 드린 것에서 유래했다고 전해진다. 또 공자의 자가 '중니(仲尼)'인 것도 니구산과 관련된 것이라 전해진다. 공자의 아버지는 공자가 세 살 때 돌아가셨고, 이후 홀어머니 아래에서 귀족 집안의 잔심부름을 하는 등 궁핍한 어린 시절을 보냈다고 한다.

한편, 공자는 십여 년 동안 여러 나라를 돌며 자신의 정치적 이상 실현을 위해 유세했지만 모두 실패하자, 다시 노나라로 돌아와 제자 교육과 시(詩)·서(書)·역(易)·예기(禮記)·춘추(春秋) 등을 해석하고 정리하는 일에 전념한 것으로 전해진다. 공자는 요·순·문왕·무왕·주공을 숭배했으며, 고대 사상을 집대성함으로써 유가(儒家)를 세우기에 이른다.

공자가 활동했던 춘추시대는 "주 왕조가 쇠퇴하여 예법이 무너지고, 제후들은 제멋대로 사치하며 방자했다. 선비와 백성들은 각자의 신분을 지키지 않았고, 예의는 군자의 마땅한 도리로서의 기능을 잃었고, 형벌 또한 소인을 다스리는 기능을 잃고 있었다. 권모술수를 모르면 배고픔을 면치 못했고, 가난한 사람들은 헤진 옷에 콩잎을 먹고, 물만 마실 뿐이었다(『한서』)."라는 기록을 통해 당시 사회가 인간의 근본 도리와 예법 등 도덕성이 무너진 사회였음을 짐작할 수 있다. 또한 우리는 이로부터 공자가 유가의 근본 가르침을 인(仁)으로 삼고, 이것을 도덕적 삶의 실천을 위한 최고 목표로 삼았다는 것은 너무나 당연했음을 어렵지 않게 파악할 수 있다. 잘 알려진 것처럼, 『논어』에서 '인'이란 단어는 백여 차례나 나오는데, 이를 통해 공자가 전하고자 했던 '인'의 가치와 중요성을 쉽게 알 수 있다. 그렇다면 공자에게 인이란 무엇일까? 무엇보다 공자가 인을 제자들과의 다양한 대화 상황 속에서 다양한 분위기와 느낌으로 사용하고 있음을 알아야 한다. 주요 내용을 묶어서 제시하면 다음과 같다.

> 인이란 사람을 사랑하는 것이다. 강직하고 의롭고 소박하고 어눌한 것은 인에 가깝다. 인이란 자기가 하고 싶지 않을 일을 남에게 시키지 않는 것이다. 인이란 사욕(私欲)을 이기고 예로 돌아가는 것이다[극기복례(克己復禮)]. 군자는 황급하고 구차(궁핍함)한 순간에도 인에 어긋나지 않아야 한다. 오직 인자(仁者)만이 사람을 제대로 좋아하고 제대로 미워할 수 있다. 인이란 사람을 아끼고 사람을 아는 것이다. 사람으로서 인하지 않으면 예(禮)를 어떻게 하며, 사람으로 인하지 않으면 악(樂)을 어떻게 하겠는가? 나의 도(道)는 충(忠)과 서(恕)일 뿐이다. 인은 멀리 있는 것이 아니다. 내가 인하고자 하면 곧 인에 이른다. 뜻있는 선비와 인을 지닌 사람은 삶을 구하려 인을 해치지 않고, 몸을 죽여서라도 인을 이루는 경우가 있다[살신성인(殺身成仁)].

이처럼 인은 공자 사상의 핵심 용어이지만, 공자는 이 용어를 제자들과의 대화나 상황, 맥락에 따라 다양한 뉘앙스로 사용하고 있다. 이를 통해 우리는 공자의 인이 사람과 사람 간 관계, 즉 사회적 존재로서 인간이 갖추어야 할 인격체로서 인간다움이라고 유추할 수 있다.

물론, 공자는 인을 실천할 때는 한결같이 '경(敬)'과 예(禮)로써 해야 한다고 강조한다. 공자에게 인이 사람을 사랑하는 도덕적인 마음이자 인격체로서의 인간다움이라면, 예란 인의 정신을 담아내는 그릇에 비유할 수 있다. 이런 점에서 예란 외면적인 사회 규범이라고 할 수 있다. 위에 인용한 '극기복례(克己復禮)'나 "예가 아니면 듣지도, 말하지도, 행하지도 말아야 한다."라는 공자의 주장은 이러한 맥락에서 이해될 수 있다. 공자는 인과 예는 서로 분리될 수 없는 것으로 보았는데, 인과 예의 이러한 관계를 중용(中庸)의 예라고 표현했다.

한편, 인이 지닌 이러한 특성은 그의 정치사상인 정명(正名)에서 더욱 분명하게 나타난다. 공자는 정치에서 특히 도덕적 군주에 의한 도덕적 모범을 강조하며, 이를 통해 군주는 백성으로부터 믿음을 얻어야 한다고 주장한다. 인에 기초한 도덕 정치를 주장한 것이다. 즉 공자는 "덕으로써 이끌고 예로써 다스리면 백성은 스스로 부끄러워할 뿐만 아니라 스스로 바로잡아 선하게 된다."라고 주장한다. 백성 스스로 깨우쳐 염치(廉恥)를 알고 실천하게 함으로써 도덕성을 회복하게 하려는 것이 공자의 의도였던 것이다.

정치를 하려면 반드시 먼저 이름을 바로 잡아야 한다[정명(正名)]. 명(名)이 바르지 않으면 말에 순서가 없게 되고, 말에 순서가 없게 되면 일이 이루어지지 않게 된다. 일이 이루어지지 않으면 예악(禮樂)을 바로 세울 수 없게 되고, 그렇게 되면 형벌이 바르지 못하게 된다. 정치란 배불리 잘 먹이고, 국방을 튼튼히 하며, 믿음[신(信)]을 얻는 것이다. 병력을 버리고, 먹을 것은 버릴 수 있지만, 백성의 믿음을 잃으면 일어설 수 없다[민무신불립(民無信不立)]. 정치란 이름을 바로 세우는 일[正名]로, 임금은 임금답고, 신하는 신하답고, 부모는 부모답고, 자식은 자식다움을 다하는 것이다. (정치란) 스스로 몸을 닦아 다른 사람과 백성을 편안하게 해 주는 것이다. 정치는 덕(德)으로 하는 것이며, 이것은 마치 북극성을 향해 뭇별들이 그 주위로 모여드는 것과 같은 이치이다.

공자는 "백성에게 널리 베풀고, 많이 구제하는 것은 인을 넘어 위대하다[성(聖)]."라고 했는데, 이는 그가 궁극적으로 지향한 바가 무엇인지를 보여주고 있다. 그것은 군자(군주)의 '위기지학(爲己之學)'과 '수기안인(修己安人)'을 통해 '대동(大同)', 즉 인륜이 구현되고 재화가 고르게 분배되며, 사회적 약자가 배제되지 않는 도덕적 이상 사회를 지향했음을 보여준다.

공자

- 인간 사회의 도덕성 붕괴에 의한 혼란의 극복을 위해 인(仁)에 기초해 인간 내면의 도덕성 회복을 강조함
- 인이란 사람을 사랑하는 것이며, 사회적 존재이자 인격체로서 인간이 갖추어야 할 내면의 인간다움임
- 인과 예(禮)는 분리될 수 없으며 극기복례(克己復禮)를 실천하여 중용의

예를 회복해야 함

- 인을 실천하는 선비는 죽음을 통해서라도 인을 이루는 경우가 있음[살신성인(殺身成仁)]

- 인이란 충(忠)과 서(恕)임: 꾸밈없이 자신의 정성을 다하며, 자신의 마음을 미루어 남의 마음을 헤아림

- 경(敬)과 예로써 도(道) 또는 인을 실천해야 함

- 정치란 이름[명(名)]을 바로 세우는 것임: 정명(正名)

- 군자의 위기지학(爲己之學)과 수기안인(修己安人)을 통해 도덕적 이상 사회인 '대동(大同)'의 실현을 강조함

통합사회와 윤리교과서의 사상가들

맹자

孟子

**"백성의 마음을 얻으면 백성의 지지를 얻게 되고,
백성이 싫어하는 것을 하지 않고 백성이 바라는 것을 모아준다면
백성은 어진[인(仁)] 정치에 몸을 의지하게 된다"**

　맹자(기원전 372~기원전 289)의 이름은 '가(軻)'이고, 전국 시대(기원전 403~기원전 222)에 활동했던 인물이다. 공자의 춘추시대와 마찬가지로 진나라가 통일하기 전까지의 전국 시대 또한 정치·사회적 혼란기였다. 혈연과 제사, 군사로 종속되어 있었던 주나라의 봉건제도는 춘추시대에 접어들면서 붕괴되기 시작했고, 전국 시대에 이르러서는 거의 유명무실해졌다. 춘추시대에 오패가 있었다면, 전국 시대에는 칠웅[한(韓)·위(魏)·조(趙)·연(燕)·제(齊)·초(楚)·진(秦)]이 있었다.

춘추전국시대가 윤리·정치·사회적으로 혼란기였던 점은 사실이지만, 이 시기에 철기와 우경(牛耕, 소를 이용한 경작)이 보급됨으로써 생산력이 증대되고 상인 세력이 크게 성장한 점 또한 역사적 사실이다. 무엇보다 사상적 측면에서 보면 이 시기는 '제자백가(諸子百家, 여러 학자와 학파들을 의미함. 유가, 도가, 음양가, 법가, 명가, 묵가, 종횡가, 잡가, 농가 등이 대표적임)'의 시대이다. 맹자는 공자의 고향인 곡부에서 멀지 않은 추에서 태어났으며, 아버지를 일찍 여의고 아들 교육에 열성이었던 어머니 아래에서 자랐다. 맹자의 어머니가 아들 맹자의 교육을 위해 얼마나 열성이었는지는 이사를 세 번 했다는 이야기[맹모삼천지교(孟母三遷之敎)], 그런가 하면 하던 공부를 중단해서는 안 된다는 가르침을 맹자에게 주기 위해 짜고 있던 베를 가위로 잘랐다[맹모단기(孟母斷機), 단기지교(斷機之敎)]는 이야기로 더욱 유명하다. 이런 어머니 아래에서 맹자는 스스로 자신은 공자의 제자임을 자처하면서 공자(유가)의 사상을 더욱 견고하게 만들었다.

맹자의 주요 사상은 성선설, 인의(仁義)의 덕에 기초한 왕도정치와 민본주의로 요약할 수 있다. 그는 공자가 강조했던 인간 내면의 도덕성으로서 인을 한층 심화해 그 기원을 밝히고 정당화하려 했던 것으로 보인다.

사람이라면 누구나 다른 사람을 불쌍히 여기는 마음을 가지고 있다[불인인지심(不忍人之心)]. 어린아이가 우물에 빠지려는 것을 본다면 누구든지 놀라고 측은해하는 마음을 가질 것이다. 그것은 아이의 부모와 친분을 맺기 위함도 아니고, 명예를 얻기 위함도 아니다. 이로부터 측은지심(惻隱之心, 측은하게 여기는 마음)이 없으면 사람이 아니고, 수오지심(羞惡之心, 부끄러워하고 미워하는 마음)이 없으면 사람이 아니고, 사양지심(辭讓之心, 사양하는 마음)이 없으면 사람이 아니고, 시비지심(是非之心, 옳고 그름을 가리는 마음)이 없으면 사람이 아니다. 측은지심은 인(仁)의 단(端)이고, 수오지심은 의(義)의 단이며, 사양지심은 예(禮)의 단이고, 시비지심은 지(智)의 단이다. 사람이 이 사단(四端)을 갖고 있는 것은 사지를 갖고 있는 것처럼 자연스러운 것이다. 따라서 이를 행하지 않는 자는 자포자기(자신을 돌보지 않고 스스로 포기함)한 자이다. 또한 사람에게는 생각하지 않고도 아는 양지(良知)가 있고, 배우지 않고도 할 수 있는 양능(良能)이 있다.

이처럼 맹자는 사단(四端)과 사덕(四德)은 사람이라면 누구나 지닌 것이라 주장하면서 그 기원을 '하늘'에 둔다. 즉 맹자는 고자와의 논쟁에서 "하늘로부터 타고난 바탕으로 본다면 선(善)하다고 할 수 있는데 이것이 내가 말하는 본성이 선하다는 것이다. 인에 속하는 측은지심, 의에 속하는 수오지심, 예에 속하는 공경지심, 지에 속하는 시비지심, 즉 사단과 인의예지의 사덕은 본래부터 지닌 것이므로 구하면 얻고, 버리면 잃는 것이다."라고 주장한다. 따라서 욕심을 적게 하는[과욕

(寡欲)] 마음 수양을 통해 혹여 잃어버린 본심(사단)과 사덕을 구하는 수양[구방심(求放心)]을 해야 한다고 강조한다.

한편, 맹자는 인간의 선천적 도덕성에 기초해 도덕 정치의 이상으로 나아가는데, 이것은 공자의 '정명'에 대한 심화로도 해석할 수 있다. 또 맹자의 이런 정치는 인의(仁義)에 기반한 정치라고 할 수 있다. 맹자는 "인은 사람이 사는 가장 편안한 집이고, 의는 사람이 가야 할 가장 올바른 길"이라 했는데, 이는 인의를 구현한 대인(대장부)의 길이자 왕의 길이기도 하다.

> 다른 사람(백성)을 불쌍히 여기는 마음으로 정치를 한다면, 천하를 다스리는 것은 마치 손바닥 위에 올려놓고 움직이는 것과 같이 쉬울 것이다. 백성의 마음을 얻으면 백성의 지지를 얻게 되고, 백성이 싫어하는 것을 하지 않고 백성이 바라는 것을 모아준다면 물이 낮은 데로 흐르고, 짐승이 들판으로 달려가는 것처럼, 백성은 어진[인(仁)] 정치에 몸을 의지하게 된다. 인정[政施仁, 정치의 근본으로 돌아가 어진 정치를 펼침], 즉 백성은 일정한 생활 근거가 없으면[무항산(無恒産)], 이 때문에 일정한 마음도 없어지므로[무항심(無恒心)] 현명한 군주는 백성에게 물질적 안정을 마련해 주어 사람의 도리를 다하는 정치를 펼쳐야 한다.

맹자는 자신의 정치 이념의 토대를 하늘이 인간에게 부여한 성선(性

善)의 도덕성에 둔 다음, 이를 현실 정치로 확장하는 한편, 이것의 구체적인 실현을 위해 항산에 기초한 항심을 주장하고 있다. 맹자는 이러한 정치를 "힘으로 정치하면서 인으로 가장하는 패도[패(覇)]"나 "덕으로 어진 정치를 펴는 왕도[왕(王)]"와 비교한 다음, 현명한 임금은 백성을 불쌍히 여기는 마음을 바탕으로 항산과 항심의 왕도를 행하는 정치를 한다고 주장한다. 또 이런 정치가 백성을 귀하고 근본으로 여기는 정치이고[민본(民本), 민귀(民貴)], 백성과 함께 즐거워하는[여민해락(如民偕樂)] 인의의 왕도를 구현하는 정치라고 보았다. 한편, 맹자는 마땅하고 올바른 왕의 길을 저버린 자는 백성과 나라를 고통과 위험에 빠지게 한 자로 왕이 아닌 잔적(殘賊, 잔인한 도둑)이므로 이런 자를 교체하는 '역성혁명'을 인정했는데, 이것 또한 그의 민본과 민귀 사상에 기반한 것이다.

맹자

- 인간 본성의 선함[성선(性善)]을 사단(四端)과 사덕(四德), 양지(良知)와 양능(良能)으로 제시함
- 인간 본성의 선함에 관한 근거를 하늘로부터 찾음
- 인간 본성의 선함을 유지하기 위해 과욕(寡欲)의 마음 수양 및 사단과 사덕을 구하는 수양[구방심(求放心)]을 강조함
- 현명한 군주에 의한 왕도(王道)의 구현을 위해 백성에 대한 항산(恒山)과 항심(恒心)을 강조함
- 인정(仁政)과 인의(仁義)의 도덕 정치를 주장함
- 왕도와 패도(霸道)를 비교한 다음, 패도에 대한 역성혁명을 인정함
- 민본(民本)과 민귀(民貴)에 바탕을 둔 여민해락(如民偕樂)을 주장함

32

순자

荀子

"이익을 좋아하고 얻기를 바라는 것은 사람의 감정이고 본성이다. 감정과 본성을 따르게 되면 이익을 좋아하고 얻기를 바라기 때문에 서로 다투게 될 것이다"

순자(기원전 298?~기원전 238?)는 조나라 사람으로 맹자가 세상을 떠나기 대략 십 년 전에 태어나 전국 시대 말기까지 활동했던 인물이다. 그의 이름은 '황(況)'이고, 자는 '경(卿)'이다. 순자의 사상은 맹자의 성선설(性善說)에 대한 비판과 자신의 성악설(性惡說)을 바탕으로 공자의 사상을 현실주의적이고 합리적 관점에서 확립한 인물로 평가받는데, 그에 대한 이러한 평가의 바탕에는 사회 및 통치 규범으로서 예(禮)가 있다. 순자의 제자로는 법가 사상을 대표하는 한비자(기원전 280?~기원전 233)와 진시황의 재상으로 유명한 이사(기원전 ?~기원전 208. 시황제를 좇아 분서갱유를 단행함)가 있다.

순자 사상의 핵심을 이루는 주요 개념으로 성악설, 지려(知慮)와 인지능력, 국가와 통치의 원리로서 예가 있다. 순자의 현실주의적 경향은 인간의 본성에 대한 그의 주장에서 잘 드러난다.

이익을 좋아하고 얻기를 바라는 것은 사람의 감정이고 본성이다. 어떤 사람이 자기 형제와 재물을 나눠 갖기로 했다고 하자. 다만 감정과 본성을 따른다면 이익을 좋아하고 얻기를 바라기 때문에 형제끼리 서로 다툴 것이다. 하지만 예의와 형식, 이치에 맞게 교화되었다면 나라 안의 다른 사람에게라도 사양할 수 있을 것이다. 무릇 사람이 선해지고자 하는 것은 본성이 악하기 때문이다. 보기 흉하면 아름다워지기를 원하고, 가난하면 부유해지기를 원하듯이 진실로 자기에게 없는 것은 반드시 밖에서 구하고자 한다. 이렇게 본다면 선하게 되려고 하는 것은 본성이 악하기 때문이다. 사람의 본성에는 예의가 없으므로 애써 그것을 배워 지니려 하는 것이다. 이렇게 본다면 사람의 본성은 악하며, 선하다고 말하는 것은 거짓이다.

순자의 말을 더 빌리면, "맹자는 본성이 선하다고 말했지만, 내(순자) 생각은 그렇지 않다. 선이란 이치에 바르고 다스림에 공평한 것이고, 악이란 행동이 음험하고 편벽되며 이치를 어기는 것을 말한다.

(맹자의 주장대로라면) 성왕이나 예의가 무슨 필요가 있겠는가? 인간의 본성이 악하여 이치를 어기기 때문에 성왕이 예의를 밝혀 교화하고, 올바른 법도를 세워 다스렸으며, 형벌을 무겁게 하여 악한 행동을 금한 것이다."라고 주장한다. 이처럼 순자의 한결같은 논리는 인간의 본성은 악하며, 선하다는 주장은 거짓이라는 것이다. 또 본성이 악하기 때문에 성왕이 예의와 법도로 이끌고 교화했으며, 악한 행동을 엄정하게 처벌했다는 것이다.

그런데 성왕의 교화로 인간이 선해지려면 인간에게 이를 분별하고 따를 의지와 능력이 있어야만 가능하다. 즉 동물에게는 없지만 인간에게는 있어야 하는 능력을 전제로 해야만 한다. 순자의 통찰력을 발견할 수 있는 부분이 바로 이것이다. 순자는 동물에게는 없지만 인간에게 있는 능력으로 지려(知慮, 현명한 분별 능력)를 주장한다.

> 사람이 사람일 수 있는 것은 분별 능력[변(辨, 분별하고 바로 잡음)] 때문이다. 사람이 사람인 이유는 두 다리를 가지며 털이 없다는 것에 있는 것이 아니라 분별이 있기 때문이다. 짐승은 암컷과 수컷이 있지만, 사람에게는 남자와 여자를 분별하는 윤리가 있다. 분별에는 분수보다 큰 것이 없고, 분수에는 예의보다 더 큰 것이 없으며, 예의에는 성왕(聖王)보다 더 큰 것이 없다.
> 또 사람의 마음에는 인지능력[지(知)]이 있다. 본성으로부터 나타나는 좋아함과 싫어함, 기쁨과 노여움, 슬픔과 즐거움을

감정[정(情)]이라 하고, 감정이 그러하여 마음이 그것을 선택하는 것을 생각[려(慮)]이라고 한다. 마음이 생각해 그것을 위해 움직일 수 있는 것을 작위[위(僞), 의식적으로 하는 행위]라 하고, 생각이 쌓이고 능력이 익숙해진 다음 이뤄지는 것을 인위[위(僞)]라고 한다.

순자는 소인이든 군자이든, 요순 임금이든 폭군이든 도둑이든 본성은 같지만, 오랜 시간 동안 선을 쌓는 행위를 함으로써, 즉 어짊과 의로움, 올바른 법도를 행함으로써 달라지고 존경을 받게 되는 것이라 주장한다. 성인이란 사람의 작위가 쌓임으로써[적(積)] 이루어진다는 것이다.

한편, 순자에게 예란 위의 문장에 나오듯이 감정과 욕망의 충족, 그리고 분별과 분수(자기의 신분이나 처지에 알맞은 한도)와 관련된 의미를 지닌다.

사람은 본래 욕망을 지니므로 이 욕망을 추구하지 않을 수 없다. 하지만 일정한 기준과 한계가 없으면 서로 다투지 않을 수 없고, 다투게 되면 어지러워지고 난처해진다. 이 때문에 옛 임금들은 예의를 제정해 분계를 정하고, 욕망을 충족하도록 했던 것이다. 정해진 예를 따름으로써 조화를 이루게 된 맛은 입을, 향기는 코를, 채색은 눈을, 음악은 귀를, 침대와 방석은 몸을 충족시켜 준다. 예란 욕망을 충족시켜주는 것으로 군자가 욕망을 충족했다면 또한 분별을 좋아한 것이다. 분별에는 귀하고 천한 등급이 있고, 어른과 아이의 차등이 있어 모두 알맞게 어울리고 있음을 뜻하는 것이다.

이처럼 순자는 인간의 본성으로서 자연적 감정과 이익 추구 욕망을 전제한 다음, 이것의 분별없는 추구가 갈등과 혼란을 초래할 수 있음을 추론하고, 그다음 성왕의 합당한 기준에 의한 분수와 분계(分界, 경계를 지어 서로 나눔), 즉 예를 "천하의 근본으로 삼아 이익을 도모"해야 한다고 주장하고 있다. 한편, 순자는 등급과 분계, 지위는 반드시 "덕(어질고 능력 있음)에 어울려야 하고, 예의와 음악으로 조절하며, (백성과 나라의 이익을 위해) 법과 형벌로써 제어해야 한다."라고 강조한다. 순자의 이런 주장으로부터 인의 구체적 실현을 위한 예가 통치의 근본 원리가 되고 있음을 추론할 수 있다.

하늘과 땅은 생명[생(生)]의 시작이고, 예의는 다스림의 시작이며, 군자는 예의의 시작이다. 그러므로 하늘과 땅은 군자를 낳았고, 군자는 하늘과 땅을 다스리고, 하늘과 땅의 변화에 참여하며, 백성의 부모가 된다. 군자가 없으면 하늘과 땅은 다스려지지 않고, 임금과 스승이 없으며, 아래로는 부모와 자식이 없게 되는데, 이것을 가리켜 지극한 혼란[지란(至亂)]이라 한다. 먹줄을 잘 치면 곧고 굽음을 속일 수 없고, 저울을 잘 달면 가벼움과 무거움을 속일 수 없듯이 예를 갖춘 군자를 거짓으로 속일 수 없다. 먹줄은 곧음의 표준이고, 저울은 공평함의 기준이고, 예는 올바른 도의 극점(지극함에 이른 지점)이다. 따라서 예를 규범으로 삼아야 한다. 군자가 예를 높이고 현자를 존중하면 왕자(王者)가 된다.

순자는 국가 운영을 위한 통치 원리를 예에 두었으며, 군자가 어진 덕과 예의와 법도(法度, 법률과 제도)에 따라 나라를 다스리는 것을 '왕자'의 정치로 이해했다. 그에게 올바른 정치란 "어질고 능력 있는 자에 대해서는 차례를 기다리지 않고 등용하며, 능력 없는 자는 지체 없이 파면하고, 매우 악한 자는 기다릴 것 없이 처벌하고, 보통의 백성들은 기다릴 것 없이 교화"를 행하는 것이다. 이렇게 하여 사람(백성)의 마음을 얻는 인의의 정치를 펼치는 것이 왕자의 정치이다. 즉 "임금이 예의를 좋아하고, 어진 자와 현자를 존중하며, 능력 있는 자를 등용하고, 탐욕을 부리지 않으면, 곧 아랫사람들도 서로 사랑하고 사양하게 되며, 신의 있고 충성스러워진다."라는 것이다. 즉 법과 다스림의 근원은 군자이고 법도는 이를 실현하는 수단이라는 것이 순자의 생각이다.

위의 인용문 첫 문장에서 알 수 있듯이 순자는 맹자나 공자와 달리 하늘[天]을 '자연천'으로 이해하고 있다. 즉 하늘의 일과 인간의 일을 구분함으로써 하늘이 인간에게 도덕성을 부여했다는 맹자의 '도덕천' 개념을 부정하고 있다. 순자는 "하늘과 땅은 생명의 근본으로 태어나게 하고, 성인(군자)은 성취하게 한다." 또 "군자는 자기에게 있는 것

을 경애하고, 하늘(천, 자연)에 있는 것은 사모하지 않는다."라고 함
으로써 하늘의 일과 사람의 일을 구분[천인분이(天人分二)]하는 한편,
분별하여 다스리는 것을 사람의 몫(역할)이라고 보았다. 그는 물리 자
연적 현상으로서 자연법칙과 그것을 알고 다스리는 인간의 역할(참여)
은 다른 것이므로 인간의 자연에 대한 능동적 참여와 다스림이 중요하
다고 보았던 것이다.

순자

- 이익을 좋아하고 얻기를 바라는 것은 인간의 본성이자 감정임(성악설)
- 인간의 본성에는 사양지심이 없지만 교화에 의해 사양지심이 형성될 수
  있음
- 성인과 소인의 본성과 감정은 같지만 직위와 인위를 통해 달라짐(누구나
  성인이 될 수 있음)
- 지(知)와 변(辨), 려(慮), 즉 인지능력은 동물이 아닌 인간에게 있는 고유한
  것임
- 성왕 · 옛 임금이 예의(禮義)를 제정하여 인간의 이기적 본성에 분수와 분
  계를 설정하고 교화함
- 군자가 어진 덕과 예의와 법도에 따라 나를 다스리는 것을 왕자의 정치
  라 함
- 자연법칙으로서 하늘의 일과 이를 다스리는 사람의 역할을 구분하고, 자
  연에 대한 인간의 참여를 강조함

33

묵자

墨子

> **"무릇 천하의 재앙과 환난, 왕위 찬탈, 원망은 서로 사랑하지 않는 데서 비롯된다.**
> **서로 두루 사랑하고[겸애(兼愛)], 서로 두루 이롭도록[교리(交利)] 바꾸어야 한다"**

　　묵자(기원전 479?~기원전 381?)에 관한 『한서』의 기록에 의하면, 이름은 '적(翟)'이고, 송나라 사람으로 공자보다 후대 사람이다. 또 『회남자』에 의하면, "묵자를 따르는 자들이 일백팔십 명에 달했고, 그들은 묵자의 말이라면 불길에 뛰어들 정도였으며, 그렇게 해서 죽을지라도 달아나지 않을 정도였다." "묵자는 공자와 유가를 공부했으나 유가의 예는 번거롭고, 장례를 후하게 치러 재물을 낭비하여 백성을 가난하게 하며, 소매가 넓은 의복은 생활에 불편하고, 일에 방해가 된다고 생각했다. 이 때문에 주나라의 도를 버리고 하나라의 정치와 행정을 받아들였다."라는 기록이 있다. 그런가 하면 『사기』에는 "묵적은 송나라 대부로 성(城)을 방어하는 기술에 뛰어났고, 절용(節用)을 역설했다. 공자와 같은 시대에 활약했다고도 하고, 그보다 뒤라고도 한다."라고 기록하고 있다. 또 『맹자』는 "묵자는 겸애를 주장하며 머리끝에서 발뒤꿈치까지 온몸이 다 닳도록 천하를 이롭게 할 수만 있다면, 이를 실현하기 위해 분주했다."라고 쓰고 있다.

묵자에 관한 이런 기록들은 실제로 『묵자』를 통해 어렵지 않게 발견된다. 그런데 이들 기록 중에서 주나라의 도를 버리고 하나라를 모델로 삼았다는 부분이 눈에 띈다. 공자가 주나라의 문화와 예를 이상으로 삼았다는 것은 잘 알려진 사실이다. 그런데 묵자가 하나라의 정사를 받아들였다는 말은 무슨 뜻일까? 묵자는 하나라의 우왕을 본으로 삼았는데, 우왕은 홍수를 막고 치수 사업을 성공시켜 마침내 천하를 안정시킨 인물로 알려져 있다. 그는 천하와 백성의 이익을 위해 '정강이에 털이 없어지도록(장자의 표현)' 자기 몸을 주저하지 않고 희생한 표본이었다.

묵자에 관한 이런 평가를 바탕으로 그의 핵심 사상을 몇 가지 꼽는다면, 겸애(兼愛), 비공(非攻), 절용(節用), 비악(非樂) 등을 들 수 있다. 묵자는 유가의 사랑을 존비(尊卑, 신분의 높고 낮음)와 친소(親疏, 친함과 친하지 않음)의 구분에 기초한 차등적 사랑인 '별애(別愛)'

라 평가하고, 이것이 혼란과 전쟁의 원인이라고 진단한 다음, 겸애(兼愛)를 바탕으로 천하 모든 사람의 이익[교리(交利)]을 추구해야 한다고 주장한다.

어진 사람은 반드시 천하의 이익을 일으키고, 천하의 폐해를 제거하는 일을 하려 한다. 천하의 이익은 무엇이고 해악은 무엇인가? 천하의 해악이란 지금처럼 나라와 나라가 서로 공격하고, 사람과 사람이 서로 해치며, 부모가 자애롭지 않고, 자식이 효를 행하지 않는 것이다. 이런 천하의 해악은 서로 사랑하지 않은 데서 나온 것이다. 무릇 천하의 재앙과 환난, 왕위 찬탈, 원망은 모두 서로 사랑하지 않는 데서 비롯된다. 그렇다면 무엇으로 이런 상황을 바꿔야 하는가? 서로 두루 사랑하고 [겸상애(兼相愛)], 서로 두루 이롭게 하는 것으로써[교상리(交相利)] 바꾸면 된다.

만약 천하 사람들이 두루 서로 사랑하고[겸상애(兼相愛)], 다른 사람 사랑하기를 자신을 사랑하듯이 한다면 어찌 불효가 있겠는가? 또 남의 집안을 자기 집안 보듯이 한다면 어떻게 남의 집 물건을 훔치겠는가? 남의 나라를 자기 나라 보듯 한다면 어떻게 남의 나라를 공격하겠는가? 천하 사람이 두루 서로 사랑하면 천하가 잘 다스려지고[겸상애즉치(兼相愛則治)], 반대로 서로 미워하면 어지럽게 된다. 천하 모든 사람이 서로를 사랑하면 강자가 약자를 억누르거나 겁박하지 않고, 부자가 빈자에게 오만하거나 업신여기지 않는다.

묵자는 겸애와 교리에 기초해 불가피하게 치를 수밖에 없는 방어 전쟁이 아닌 모든 공격[공벌(攻伐, 공격과 정벌)] 전쟁에 대해서도 공리적 계산에 기초해 반대한다.

겨울에는 추위가 두렵고, 여름에는 더위가 두렵다. 따라서 겨울과 여름에 군사를 동원해서는 안 된다. 그렇다고 봄에 동원하면 백성이 땅을 경작할 수 없게 되고, 가을에 동원하면 추수를 망치게 된다. 한 철만이라도 농사를 망치게 되면 굶주리고 헐벗어 죽는 자가 셀 수 없게 된다. 군사 동원의 폐해를 계산해 보면, 폐기되어 버려지는 전쟁 무기들(화살, 깃발, 갑옷, 방패. 칼 등)은 셀 수조차 없다. 또 소나 말은 야위고, 보급이 끊겨 죽는 자들의 수도 너무 많아 셀 수조차 없다. 질병에 걸리거나 싸우다 몰살당하는 군사 또한 너무 많아 셀 수조차 없다. 그렇게 얻은 승리는 쓸모없는 것이다. 따져보면 얻는 것보다 더 많이 잃는 것이 전쟁이다.

묵자는 이처럼 전쟁의 비용과 해악을 계산해 보면 전쟁이 인간(백성) 삶의 근본을 해치고, 삶에 쓸모 있는 물건들을 쓸모없게 만든다는 점이 명확하므로 전쟁은 백성들의 이익에 부합하지 않는다고 주장한다. 묵자가 전쟁에 반대하는 바탕에는 이처럼 겸애와 교리가 깔려 있다. 위의 인용문에서도 알 수 있듯이 묵자는 생활에 쓸모 있는 재물(물건)들의 낭비를 비판했고, 사치나 형식이 아니라 검소와 절용(節用, 아껴 씀)할 것을 강조했다.

> 옷이란 겨울에 추위를 막고, 여름에 더위를 막기 위한 것이다. 옷의 이치는 겨울에는 온기를 더해주고, 여름에는 청량함을 더해주는 데 있다. 화려하기만 하고 편익에 도움이 되지 않는 것은 즉시 폐기해야 한다. 집 또한 겨울에는 추위를 막고, 여름에는 더위와 비를 막고, 도둑에 대비하는 기능을 하는 것으로 족하다. 화려하기만 하고 편익에 도움이 되지 않으면 즉시 폐기해야 한다. 백성들이 사용하는 물건이나 배, 수레 또한 마찬가지이다. 재화 사용에 낭비가 없고, 백성이 고생하지 않고도 이익을 만들어낼 수 있어야 한다. 쓸데없는 비용을 없애는 것이 성왕의 도이고, 천하의 이익이다.

묵자의 이와 같은 실용과 검약(낭비하지 않고 아껴 씀)의 정신은 음악이나 예술이라고 해서 예외가 아니다. "어진 사람은 일을 할 때 천하의 이익을 우선하고, 천하의 해악을 없애려 하기 때문에 아름답게 보이고, 즐겁게 들리고, 입맛에 맞고, 몸에 안락함을 위해 일하지 않는다. 악기 소리가 즐겁지 않아서도 아니고, 무늬와 장식이 아름답지 않아서도 아니다. 위로는 성왕의 자취에 부합하지 않고, 아래로는 백성의 이익에 부합하지 않기 때문이다. 따라서 음악을 즐기는 것은 옳지 않다." 우리는 이로부터 묵자의 한결같은 주장의 밑바탕에는 '겸애'와 함께 '교리'가 작동하고 있음을 발견할 수 있다.

오늘날 묵자의 사상은 '반전 평화' 및 '세계 시민주의'의 이념으로서, 그리고 평등과 원조의 당위성을 정당화하는 도덕적 논거로 새롭게 재해석되고 있다.

묵자

- 유가(공자)의 형식주의와 존비친소에 기초한 차등적 사랑[인(仁)]을 비판하고 서로 두루 사랑[겸상애(兼相愛)]할 것을 강조함
- 천하의 폐해(해악)를 제거할 것과 천하의 이익[교상리(交相利)]을 강조함
- 불가피한 방어 전쟁 외에 일체의 공벌(공격과 정벌) 전쟁을 반대함
- 절용(節用)과 실용을 중시하여 이에 반대된다고 판단한 음악과 예술에 대해 비판적임
- 오늘날 반전 평화, 평등과 세계 시민주의, 세계 원조를 위한 이념적 정당화 논거를 제공함

한비자

韓非子

*"뛰어난 군주라면 엄격한 상벌을 통해 공적이 없는 자가
상을 바라지 않도록 하고, 죄를 지은 자가 요행을 바라지 않도록
해야 한다"*

『사기』의 기록에 의하면, 한비자(기원전?~기원전 233)는 순자로부터 이사와 함께 공부했다고 한다. 그는 전국 칠웅 중에서 가장 쇠약한 한나라의 왕족 출신이었으며, 쇠망하는 한나라를 위해 부국강병과 변법을 주장했으나 군주를 설득하지는 못했는데, 아마 약소국이었던 한나라의 처지를 고려하면 쉽게 수용되기 어려운 현실적인 이유가 있었을 것으로 보인다. 이사의 시기와 모략으로 진시황제의 손에 죽임을 당하는 화를 피하지 못했던 한비자는 한나라의 부국강병과 체제 개혁을 위해 군주에게 간언한 내용들로 『한비자』를 썼다. 『한비자』는 진나

라에서 유행하게 되었는데, 특히 시황제는 「고분(혼자서 격분함)」, 「오두」편을 읽고 "이 책을 쓴 사람을 만나 사귈 수 있다면 죽어도 여한이 없겠다."라고 감탄했다고 전해진다. 「고분」편의 주요 내용은 군주를 둘러싼 측근들과 중신들의 전횡으로 온전한 '법술지사(法術之士, 법률로 나라를 다스리는 기술에 능한 자)'가 인정받지 못하는 정치 현실에 격분하고 있는 내용들로 구성되어 있고, 「오두」편에는 우리에게 잘 알려진 '수주대토(守株待兎, 나무 그루터기를 지키며 토끼가 걸려 죽기를 기다림)'의 이야기가 실려 있다.

『한비자』에는 유가의 도덕 정치에 반대하고 강력한 법치를 주장했던 춘추시대의 관중(기원전 ?~기원전 645)에 관한 이야기가 나온다.

> 제나라 사람들은 후장(厚葬, 사치스러운 장례식)을 좋아해 수의와 관을 호화롭게 장식하여 재물을 탕진했다. 이에 환공이 관중에게 이를 근절할 방안을 찾도록 했다. 관중은 사람이란 명예와 이익을 위해 행동하기 때문에 이를 박탈하면 된다고 간언했다. 이에 환공은 호화로운 관을 쓸 경우 그 관을 쪼개 시체를 꺼내 자르고, 상주를 처벌하도록 했다.

순자의 성악설을 이어받은 한비자 또한 인간의 자기 이익 추구 본성에 주목해 이를 효율적 통치를 위한 실마리로 삼는다. 즉 한비자는 명분(신분에 걸맞은 도리)이나 의(義)보다 이익[리(利)]을, 사랑[애(愛)]

보다는 권력(힘)의 논리에 근거해 인간의 자기 이익 추구 성향을 통치의 관점에서 효율적으로 이용하려 했다. 위에 제시된 관중의 사례 또한 이익과 명예를 좇는 인간의 본성을 제어하기 위해 당사자의 이익과 명예를 박탈하는 방식으로 엄격한 법과 형벌의 시행을 주장하고 있다. 법가는 훌륭한 도덕적 탁월성을 지닌 군주의 도덕적 모범에 기대는 것이 아니라 이기적 본성을 지닌 인간의 행동을 효율적으로 부리는 (조종) 방법으로서 법술(法術, 방법과 기술)을 중시하는 것을 특성으로 하며, 이를 위해 통일된 하나의 원리로서 엄격한 상벌을 중시한다.

> 컴퍼스나 잣대가 없으면 아무리 뛰어난 장인도 네모와 둥근 원을 그릴 수 없듯이, 강력한 권세나 상벌에 관한 법이 없으면 요순 임금도 나라를 다스릴 수 없다. 세상의 군주들이 경솔하게도 무거운 형벌과 엄한 처형을 버리고 사랑과 은혜[혜애(惠愛)], 인의(仁義)를 베풀어 패자나 왕자가 되려 하지만 이것에 기대서는 안 된다. 뛰어난 군주라면 엄격한 상벌(賞罰)을 통해 공적이 없는 자가 상을 바라지 않도록 해야 하고, 죄를 지은 자가 요행을 바라지 않도록 해야 한다. 나라를 다스리는 데 법술(法術)과 상벌을 갖추는 것은 먼 길을 가는 데 필요한 견고한 수레와 같고, 물을 건너는 데 유용한 배와 노를 갖고 있는 것과 같다.

이처럼 한비자는 군주라면 마땅히 인의의 도덕적 가치에 의지해서는 안 되고, 신하와 백성을 통제할 수 있는 강력한 법과 권위, 그리고 힘을 지녀야 한다고 주장한다. "현명한 군주가 신하를 통제하기 위해서는 반드시 두 개의 권병(權柄, 사람을 자기 마음대로 할 수 있는 신분이나 그 힘)을 지녀야 하는데, 그것은 형(刑)과 덕(德)이다. 형이란 처벌하여 죽이는 것이고, 덕이란 칭찬하여 상을 내리는 것이다. 군주가 직접 형을 집행하고, 덕을 베푼다면 신하는 그 위세를 두려워하며, 자신에게 이익이 되는 방향으로 나갈 것이다. 상벌이 군주가 아니라 신하에게서 나오게 되면 백성은 신하를 두려워할 뿐 군주를 무시하게 되고, 군주가 신하의 지배를 받게 된다." 이상적인 정치를 도덕적 성인에 기초한 도덕 정치에 두었던 유가의 통치 이념에 대해 한비자는 그런 정치는 개인의 도덕적 탁월성에 기대는 우연과 어리석음, 즉 수주대토(守株待兎)에 기대는 정치라고 비판한다.

송(宋)나라에 한 농부가 있었다. 하루는 밭을 가는데 토끼 한 마리가 달려가더니 밭 가운데 있는 그루터기에 머리를 들이받고 목이 부러져 죽었다. 그것을 본 농부는 토끼가 또 그렇게 달려와서 죽을 줄 알고 밭 갈던 쟁기를 집어던지고 그루터기만 지켜보고 있었다. 그러나 토끼는 다시 나타나지 않았고, 그는 사람들의 웃음거리가 되었다.

우연한 행운에 나라의 운명을 맡기는 도덕적 군주(즉 유가)의 어리석음을 비유적으로 비판하고 있는 내용이다. 한비자는 정치를 도덕으로부터 분리하고, 인간의 이기적 본성과 심리에만 충실하여 그러한 본성을 통치에 적용하고 활용하는 현실적이며 효율적인 방법과 기술 [법술(法術)]에 관심을 집중했다. 따라서 군주에게 정의로움이란 도덕적 가치의 실현이 아니라 군주와 나라의 이익이다. 호랑이가 개를 굴복시킬 수 있는 것은 발톱과 어금니인데, 호랑이가 이것을 자기 대신 개가 사용하도록 하게 되면 호랑이가 개에게 굴복되는 것처럼, 군주 또한 상벌로써 신하를 통제해야 한다는 것이 한비자의 생각이다.

군주와 신하 사이에는 친밀함이 아니라 상벌의 기준만이 있어야 한다고 주장하는 한비자는 일단 상벌의 원칙이 확립되고 나면 군주는 이에 따라 능숙한 신하를 뽑아 집행하도록 하면 되므로 군주는 허정(虛靜)의 자세로 아무 일도 하지 않으면서도 신하의 잘못이나 실수를 알아차릴 수 있다고 주장한다. "법은 신분이 귀한 사람이라고 해서 아첨하지 않으며, 먹줄은 나무가 휘었다고 해서 굽혀가며 재지 않기 때문이다." 닭의 주인은 닭이 새벽을 알리도록 하는 것이고, 고양이의 주인은 고양이가 쥐를 잡게 하는 것이므로 주인이 직접 닭 노릇과 고양이 노릇을 하려 해서는 안 된다고 강조한다. 군주는 단지 신하가 해야 할 일과 그가 행한 결과를 서로 대조하여 벌을 줄 때는 천둥소리처럼 엄격하게 하고, 상을 줄 때는 봄철 농사에 필요한 비처럼 포근하게 내리기만 하면 되는 것이다.

한비자는 인간의 자기 이익 추구 성향이 도덕적으로 나쁘다고 말하려는 것이 아니다. 그것은 인간의 근본 성향을 사실적으로 파악하고, 이것을 효율적으로 조종하고 이용함으로써 군주(나라)의 권위를 확립하는 한편, 엄격한 법치(상벌)의 확립을 통해 통일된 거대한 국가를 효율적으로 운영하려는 국가 운영 전략이라는 관점에서 보는 것이 더 적절하다.

한비자

- 유가의 도덕 정치에 반대하고 엄격한 상벌의 확립에 의한 법치 강조
- 인간의 자기 이익과 명예 추구 성향을 올바로 파악하여 이를 토대로 국가 운영의 효율적 전략 마련을 위한 계기로 활용해야 함
- 군주가 반드시 갖고 있어야 할 두 개의 권병으로 상벌권을 강조함
- 나라를 다스리는 데 법술(法術)과 상벌의 확립이 무엇보다 중요함
- 정치를 도덕으로부터 분리하여 법치를 확립해야 함
- 한 사람의 노력석 탁월성에 의지하는 유가의 정치는 수주대토(守株待兔)의 어리석음에 비유될 수 있음
- 법과 상벌이 확립되면 군주는 허정(虛靜)의 자세로 나라를 통치할 수 있음
- 벌은 천둥소리처럼 두렵고 엄격하게, 상은 봄철 봄비처럼 부드럽고 포근하게

노자

老子

**"배움을 끊지 못하고 현자(지식인)를 숭상하며
인위(人爲, 인의예지)를 따르게 되면 혼란에서 벗어날 수 없게 된다"**

노자(기원전 571~기원전 471?)는 춘추시대 말기 초나라 사람으로
이름은 '이(耳)'이고 자는 '담(聃)'이다. 노자의 『도덕경』은 『노자(老子)』
라고도 부르며, 전체 글자 수는 오천 자로 짧으며, 노자는 도가학파의
창시자이다.

『도덕경』 제1장과 제25장은 도(道)의 의미와 성격에 대해서, 그리고
제8장은 도를 물에 비유함으로써 더욱 쉽게 제시한다. 노자의 이런 노
력은 도의 의미가 근원적이고 추상적이기 때문이다.

도가 말해질 수 있으면 진정한 도가 아니고, 이름이 개념화(정의)될 수 있으면 진정한 이름이 아니다. 무(無)는 이 세계의 시작을 가리키고, 유(有)는 모든 만물을 통칭하여 가리킨다. 무를 통해서는 언제나 세계의 오묘한 영역을 나타내려 하고, 유를 통해서는 언제나 구체적으로 보이는 영역을 나타내려 한다. 이 둘은 온갖 것들이 들락거리는 문(門)이다.

이에 따르면, 모든 것의 근원이 되는 어떤 무엇이 있는데, 그것은 천지 만물 이전의 것이라 이름(규정, 정의) 붙일 수 없지만, 그렇다고 없다고 할 수도 없는 어떤 무엇이 있는데, 이를 억지로 이름 붙여 편의상 도라고 부른다는 것이다. 이처럼 도는 세계의 근원이자 시작이라는 점에서, 즉 구체적으로 드러나 보이는 만물[유(有)] 이전의 것이란 점에서 달리 말하면 무(無)라고 부를 수 있다. 그러므로 이름이 있는 모든 것, 즉 유(有)는 도(道), 즉 이름이 없는 무[道]로부터 나온 것이다. 도가 이름이 있는 온갖 것들의 근원이라면, 유[덕(德)]란 도의 구체적인 표현이므로 도와 덕은 만물이 드나드는 문이 되는 것이다. 도와 덕은 서로 별개의 것이 아니라 근원이 같은 것들의 다른 측면이라는 뜻이다. 노자는 이를 가리켜 "도는 낳고 덕은 기른다."라고 말한다.

계속해서 노자는 도에 관하여 "천지 만물(즉 덕)보다 앞서서 어떤 무엇이 혼돈스러운 모습[혼성(混成, 긴밀한 관계 속에서 이루어짐)]으로 살고 있었는데, 그것은 이름도 모양도 없지만, 모든 것의 어미가 되는

통합사회와 윤리 교과서의 사상가들

것이다. 이것의 이름을 억지로 붙여 '도' 또는 '크다[대(大)]'고 할 뿐이다. 사람은 땅을 본받고, 땅은 하늘을 본받고, 하늘은 도를 본받고, 도는 스스로 그러함을 본받는다[도법자연(道法自然)]."라는 말로 표현한다.

도에 관한 이런 설명에도 불구하고 그 의미를 가늠하기 어려운 점을 고려해 노자는 도를 물에 비유하여 더 쉽게 알려준다. 이에 따르면, "가장 훌륭한 덕은 물과 같다[상선약수(上善若水)]. 물은 만물을 이롭게 하지만 다투지는 않고, 사람들이 싫어하는 곳에 처하므로 도에 가깝다." 노자에 의하면, 물은 모든 것의 근원이고, 모든 것을 이롭게 하면서도 자신을 낮추고[겸허(謙虛)] 드러내지 않으므로 허물이 없고, 싸움으로 다투지 않으며, 만물을 길러주면서도 주인 노릇을 하지 않고 무욕(無欲)하다는 점에서 도의 속성을 잘 드러낸다.

한편, 노자에게 자연이란 '자연(自然)', 즉 '스스로 그러함'이다. 이것은 만물이 본래 지니고 있는 그러한 본성이자 속성이다. 예를 들어 물이 위에서 아래로 흐르는 것이나, 모내기해야 할 때 속절없이 가뭄이 오래 지속되는 것, 그런가 하면 벼를 수확해야 할 때 태풍이나 홍수가 일어나는 것 등은 인간의 바람이나 의지와 상관없이 일어나는 자연의 질서이자 이치일 뿐이다. 자연은 인간의 소망이나 의지와는 상관이 없는 것이다. 자연은 인간을 위해 인(仁)과 친함[친(親)]을 베풀지 않는다[천지불인(天地不仁)]는 것이 노자의 주장이다.

한편, 춘추시대의 사회 혼란을 인간의 도덕성에 초점을 맞추었던 공자와 달리, 노자는 오히려 인의예지의 거짓과 인위(人爲)에 의해 도가 망가지고 무너졌다[폐(廢)]고 진단한다.

> 대도(大道)가 망가져서 인의를 부르짖게 되고, 지혜가 등장하
> 여 큰 거짓이 있게 되며, 가정이 화목하지 못하니 효와 자애의
> 관념이 생겨나고, 나라가 혼란하여 충신이 있게 된다. 가장 훌
> 륭한 덕은 무위(無爲)이며, 무엇을 위하여 함이 없는 것이다.
> 도를 잃은 후에 덕이고, 덕을 잃은 후에 인이며, 인을 잃은 후
> 에 의이고, 의를 잃은 후에 예이다. 대체로 예란 진실한 마음
> 이 얄팍해진 결과이고 혼란의 시작[수(首)]이다.

노자는 도, 즉 "텅 빈[허(虛)] 상태를 유지하며, 자연의 이치대로 하
면 오래 갈 수 있고, 죽을 때까지 위태롭지 않지만", 배움을 끊지 못하
고 현자(지식인)를 숭상하여 인위(人爲, 인의예지)를 따르게 되면 혼
란에서 벗어날 수 없게 된다고 보았다. 이 때문에 노자는 유위(有爲)
의 기교와 인의의 관념을 끊어버리고, 사욕을 줄이며[과욕(寡欲)] 소
박함[박(樸), 자연 그대로의 모습]을 견지해야 한다고 가르친다. 노자
에 의하면, "성인은 자연의 무위(無爲)하는 일을 하며, 불언(不言)의
가르침을 행한다. 성인은 만물을 자신의 것으로 소유하지 않으며, 무
엇을 하되 자신의 뜻대로 하려고 하지 않는다."
노자는 성인의 무위, 즉 허정(虛靜)의 상태와 이에 기초한 이상적인
사회를 '소국과민(小國寡民)'으로 제시한다. 공자의 대동 사회가 도덕
적 이상 사회라면, 노자의 소국과민은 무위자연의 삶이 실현되는 사

회이다.

> 나라를 작게 하고 백성의 수를 적게 한다. 많은 도구가 있더라
> 도 쓸 일이 없고, 백성은 죽음을 중하게 여겨 멀리 가지 않는
> 다. 이웃 나라가 서로 마주 보이고 개짖고 닭 우는 소리가 들
> 리고, 또 백성들이 늙어 죽을 때까지도 서로 왕래하지 않는다.

　노자는 성인의 정치는 무위와 무욕이 실현되는 소국과민의 사회를
지향한다고 보았으며, 이를 무위지치(無爲之治), 즉 성인의 덕이 지극
히 커서 아무 일을 도모하지 않아도[무사(無事)] 천하가 저절로 잘 다
스려지는 것으로 묘사했다. 한마디로 성인의 정치는 무위, 즉 소박함
의 자연성을 저절로 회복하게 해 주는 정치인 것이다.

노자

- 도(道)는 모든 것의 근원이자 천지 만물 이전의 것으로 정의(규정)지을 수
  없는 것임
- 만물이 유(有)라면, 도는 이것들 이전의 것이므로 무(無) 또는 허(虛)에 비
  유됨
- 도의 구체적인 표현이 덕(德)이므로 도와 덕은 만물이 드나드는 문이라
  할 수 있음
- 모든 것은 긴밀한 관계 속에서 이루어짐[혼성(混成)]
- 하늘은 도를 본받고, 도는 스스로 그러함을 본받음[도법자연(道法自然)].
- 가장 훌륭한 덕은 물과 같음[상선약수(上善若水)]: 겸허(謙虛), 부쟁(不爭)

- 성인: 텅 빈[허(虛)] 상태를 유지하며, 자연의 이치대로 행함

- 성인은 자연의 무위(無爲)와 무욕(無欲), 불언(不言)의 가르침을 행함

- 무위지치(無爲之治): 허정(虛靜)에 의한 '소국과민(小國寡民)'의 이상 사회 지향

통합사회와 윤리 교과서의 사상가들

장자
莊子

**"진인(眞人)은 억지 부리지 않고, 우쭐거리지 않으며,
무엇을 도모하지 않고, 자연스럽게 갔다가 자연스럽게 올 뿐이다"**

　장자(기원전 369~기원전 289?)의 이름은 주(周)이고, 맹자와 비슷한 시기(전국 시대)의 인물로 전해진다. 그는 노자와 함께 도가 사상을 대표하는 인물이다. 노자가 주로 축약된 경구 중심의 글로써 도에 대한 가르침을 주었다면, 장자는 도에 관해 자신이 지어낸 우화(인격화한 동식물이나 기타 사물을 주인공으로 등장시켜 풍자와 교훈의 뜻을 나타내는 이야기)와 해학(세상사나 인간의 결함에 대해 익살스럽고 우스꽝스럽게 하는 말이나 행동), 비유를 중심으로 풀어내어 도를 쉽게 이해할 수 있도록 해 준다.

『장자』에 나타난 우화와 해학은 「응제왕」편의 도(자연)에 관한 이야기에서도 예외 없이 잘 드러나고 있다.

> 남해의 임금을 숙, 북해의 임금을 홀이라 하고, 중앙의 임금을 혼돈(混沌)이라고 한다. 숙과 홀이 때때로 혼돈의 땅에서 서로 만났는데, 그럴 때마다 혼돈이 그들을 후하게 잘 대접해 주었다. 이에 숙과 홀은 혼돈의 은덕에 보답할 방법을 찾았다. 숙과 홀은 "사람은 모두 일곱 개의 구멍이 있어 그것으로 보고, 듣고, 먹고, 숨을 쉬지만, 혼돈에게는 이것들이 없으니 구멍을 뚫어주자."라는 결론을 내린다. 하루에 하나씩 구멍을 뚫어주었는데, 칠 일이 지나자 혼돈이 죽고 말았다.

위의 이야기대로 '혼돈'은 형체가 없으므로 그 모습을 머릿속으로 상상하려 해도 쉽게 상상하기 어렵다. 또 겉으로 드러난 이야기는 쉽지만, 그 속뜻은 "도는 무엇인가?"에 관한 깊은 가르침이 들어 있다. 숙과 홀은 인간 중심적 사고와 가치관을 바탕으로 혼돈에게 감각과 욕망을 선물하고자 했고, 혼돈은 노자의 표현에 등장하는 '혼성'을 상징한다. 장자가 도를 말하기 위해 '혼돈'을 선택한 것은 그의 탁월성을 보여준다. 왜냐하면 혼돈의 사전적 의미가 "하늘과 땅이 아직 나누어지지 않은 태초의 상태"라는 의미를 지니기 때문이다. 즉 혼돈을 통해 도, 즉 자연을 표현하고 있으며, 이러한 자연에 인간의 감각과 관념이 개입하게 됨으로써 순수하고 소박한 자연의 죽음이 초래되었음을 보여준다.

장자가 자연의 죽음을 말한 것은 자연성을 훼손하게 하는 인간의 감각적이고 분별적 지각이 지닌 한계를 지적하고 비판하려는 것이었고, 또 이를 통해 인위적 가치 규범과 구속으로부터 해방되는 자연성의 회복, 즉 정신의 절대적 자유 상태에서의 행복[허정(虛靜)]을 말하기 위한 것이라 할 수 있다.

> 공자가 말했다. 나는 하늘의 벌을 받은 사람이다. 물고기는 물에서 서로 편안하게 살고, 사람은 도의 세계에서 서로 편안하게 살 수 있다. 물고기가 물속에서 편안하게 사는 것은 진흙과 모래에 자신을 맡기고 살기 때문이고, 사람이 도의 세계에서 편안할 수 있는 것은 일을 도모하지 않아 마음이 허정(虛靜)하기 때문이다. 하늘의 소인은 인간 세상의 군자요, 하늘의 군자는 인간 세상에서는 소인이다.

장자가 자신이 지어낸 이야기 속에서 공자를 등장시키는 것은 공자를 분별적 지식과 가치 규범의 표본으로 보았기 때문이다. 또 다음 이야기에서 공자와 함께 공자가 가장 아꼈던 제자인 안회를 내세우는 것도 이런 맥락에서 이해할 수 있다. 한편, 장자가 발뒤꿈치를 자르는 형벌을 받은 자, 다리가 잘린 자, 용모가 추한 자 등을 내세운 다음, 이들의 덕이 충만하여 공자가 스승으로 삼고자 하는 인물들로 묘사하고 있는 것 또한 도에 관한 역설과 해학의 가르침이라 할 수 있다.

노나라에 다리가 잘린 왕태라는 사람이 있는데, 그를 따르는 사람이 공자를 따르는 사람만큼 많았다. 공자가 "그는 성인이다. 아직 뵙지 못했지만, 내가 스승으로 모시고 싶은 분이다. 그는 눈과 귀 같은 가상에 미혹되지 않고, 만물과 함께 하나가 되고 그 근본을 지키는 사람이다. 그는 덕이 조화를 이루는 경지에서 자유롭게 움직인다."라고 했다.

제자 안회가 공자에게 말했다. "저는 더 나은 상태가 되었습니다." 이에 공자가 말했다. "무슨 말이냐?" 안회가 대답했다. "예와 악을 잊었습니다." 이에 공자가 아직 부족하다고 말하자, 얼마 후 안회가 말했다. "저는 인과 의를 잊었습니다." 이에 공자가 아직 부족하다고 말하자, 얼마 후 안회가 말했다. "저는 좌망(坐忘)했습니다. 손과 발, 제 몸을 잊어 귀와 눈과 같은 감각기관의 작용을 멈추었고, 지식을 버림으로써 도와 하나가 되었는데[대통(大通)], 이를 좌망이라 합니다."라고 말했다. 이에 공자가 "도와 하나 되면 좋고 싫음이 없어지고, 일정한 것을 따르지 않아도 되니, 정말 훌륭하구나. 나도 너의 뒤를 따르려 한다."라고 말했다.

  장자는 유가, 즉 인의예지와 같은 인위적이고 분별적인 규범과 지식을 옳고 그름의 판단의 기준으로 삼는 공자와 안회를 등장시킨 다음, 그들 스스로 유가의 한계를 깨닫고 도가의 수양 방법을 실천하여 도와 하나가 되고, 만물과 더불어 하나가 되는 경지로 나아갈 것을 제시하고 있다. 또 이를 위해 장자는 조용히 앉아 우리를 구속하는 일체의 것들을 잊고, 마음을 비워 허(虛)에 이르게 해 주는 좌망(坐忘, 일체의 예악, 인의, 물아, 시비, 차별, 분별을 잊은 정신 경지)과 심재(心齋, 고정관념과 편견을 버려 마음을 깨끗이 함)를 행해야 한다고 강조하고 있다. 장자는 그렇게 함으로써 궁극적인 절대적 자유의 경지, 즉 만물과 더불어 하나(한 몸)가 되는 대통의 경지에서 소요(逍遙)할 수 있어야 한다고 주장한다.

> 진인(眞人)은 억지 부리지 않고, 우쭐거리지 않으며, 무엇을 도모하지 않고, 즐겁고 슬픈 것을 모르므로 자연스럽게 갔다가 자연스럽게 올 뿐이다. 인위로 자연을 조장하지 않는 것이 진인이다. 기뻐함과 성냄이 마치 계절의 흐름처럼 자연스럽고, 모든 사람과 사물과 어울리기 때문에 그 끝을 알 수 없다.

장자는 제물(齊物)과 소요유(逍遙遊)이다. 제물이란 모든 분별과 차별에서 벗어나 도의 관점에서 만물을 평등하게 대하는 것이고, 소요유(逍遙遊, 세속의 고정되고 편협한 사고나 근심에서 벗어난 영혼의 자유로움)란 세속을 초월하여 무엇에도 얽매이지 않는 정신적 자유(해탈)의 경지이다. 소요유는 "시(是, 옳음)와 비(非, 그릇됨)를 버리고", 천지 만물(자연)이 자신(지인, 성인, 진인)과 더불어 한 몸이 되는 경지를 의미한다. 또 장자는 이상적 인간으로서 "지인(至人)은 자기 몸에 얽매이지 않고, 신인(神人)은 공적에 얽매이지 않으며, 성인(聖人)은 명예에 얽매이지 않는다."라고 가르친다. 장자는 자신의 이와 같은 주장을 '현해(懸解)'라고 제시하는데, 이는 거꾸로 매달린 것을 풀어준다는 의미로 우리를 정신적 속박에서 해방의 길로 안내한다는 뜻으로 이해할 수 있다.

장자

- 도(道)를 혼돈(混沌)에 비유하여 인간 중심적 고정관념 비판
- 혼돈[도]: 하늘과 땅이 아직 나누어지지 않은 태초의 상태이자 모든 것의 근원(시원)
- 인간의 감각적 · 분별적 지각의 한계를 비판하고 이로부터 해방됨을 강조
- 유가의 인위적 가치 규범(인의예지)으로부터 해방된 정신적 자유와 행복 강조
- 소요유(逍遙遊, 세속의 고정되고 편협한 사고나 근심에서 벗어난 영혼의 자유로움) 강조
- 제물(齊物): 모든 분별과 차별에서 벗어나 도의 관점에서 만물을 평등하게 바라볼 것을 강조
- 정신의 절대적 자유 상태에서의 행복[허정(虛靜)] 강조
- 좌망(坐忘)과 심재(心齋)의 수양을 통해 허정의 소요유에 이를 것을 강조 [현해(懸解): 거꾸로(물구나무선 채) 매달려 살아가는 삶으로부터의 해방]
- 이상적 인간으로서 지인, 신인, 성인, 천인, 진인 강조
- 시비(是非)를 잊고 천지 만물과 자신이 더불어 한 몸이 되는 경지 강조

주희
朱熹

"배우는 사람이 궁리하지 않으면 도리를 깨달을 수 없고,
궁리하면서 경(敬)을 유지하지 않아도 또한 도리를 깨달을 수 없다"

주자(1130~1200)는 송나라 사람으로 이름은 '희(熹)'이다. 그의 아버지 주송은 주희가 11살 때 금나라와의 화친에 반대하다 관직에서 추방당하고 은거했으며, 주희는 아버지로부터 가르침을 받았다. 주희는 10대 후반부터 20대 초반까지 과거 예비시험 합격, 본시험 합격, 임관시험 등에 합격했고, 28세 때 귀향한 다음, 학문에 정진하며 여조겸(1137~1181)과 함께 정통 유가와 성리학의 선구자들(주돈이, 정호·정이 형제, 장재 등)의 사상을 담은 『근사록(近思錄)』을 편집하여 출간한다. 이 책의 제목인 '근사'는 『논어』의 「자장」편. "넓게 배우되 뜻을 독실하게 하고, 절실하게 묻고 가깝게 생각하면[절문이근사(切問而近

思)] 인(仁)이 그 가운데 있다 할 것이다."에서 유래한다. 주희는 이 책의 서문에 "일상생활에서 절실한 것들을 골라 이 책을 만들었다."라고 썼는데, 이로 보아 이 책이 공허함이나 이상적인 것에 대비되는 도덕적 실천을 중시하는 유가의 도덕 철학을 담은 교양서임을 알 수 있다.

도덕적 실천을 중시했던 주희는 금나라와의 화친에 반대하는 한편, "현명한 군주라면 먼저 사물의 도리를 연구하고, 참된 지식을 얻은 다음 국가를 편안하게 다스릴 수 있다."라는 글을 임금(효종)에게 올리기도 했다. 그런가 하면 나라에 가뭄이 들어 백성이 살 곳을 잃고 유랑하는데도 조정이 관심을 두지 않는다 비판했는데, 이에 반대파들은 주자가 작당하여 나라를 훔치려 한다며 그의 목을 베어야 한다고 참소(讒疏, 남을 헐뜯어서 죄가 있는 것처럼 꾸며 윗사람에게 고하여 바침)하기도 했다. 결국 영종은 인제를 추천할 때는 성리학도가 아님을 보증해야 한다는 단서까지 달아 주자를 압박할 정도였다. 관직을 박탈당하고 귀향했지만, 주희의 청렴과 올곧음은 예순이 넘어서도 한결같았다. 운명을 다하고 죽음을 맞았지만, 황제 이종은 주희의 글에 매료되어 "한 번 읽기 시작하면 놓을 수 없는 책"이라 극찬하며, 주희를 태사(太師)에 추서(追敍, 죽은 뒤에 관등을 올리거나 훈장 따위를 줌)하고, 그의 위패를 공자묘에 모시도록 하는 한편, 주희가 주석을 단 사서(四書: 논어, 중용, 맹자, 대학)를 과거시험의 필수교과로 지정했다.

주희가 새롭게 체계화하고 집대성한 '성리학(性理學)'은 이기론(理氣

論)과 심성론(心性論), 격물치지(格物致知)의 수양론으로 구성되어 있으며, 도덕적 실천에 의한 성인을 이상적 인간으로 추구하며, 이를 공부의 목적으로 삼는 학문이다. 주희의 성리학은 맹자의 성선설과 당시 도학자들의 성즉리(性卽理), 그리고 도가 및 불교 사상의 비판적 해석을 통해 유학을 새롭게 정립한 '신유학'이다. 성리학의 이론적 체계를 이루고 있는 근본 원리는 '이기론'이다. 이(理)란 이치를 말하며, 존재하는 모든 것들의 근본 원리(법칙)에 해당하는 개념이다. 이치는 변화하는 현상 및 자연 세계를 가리키는 기(氣)의 존재 근거이자 원리가 되며, 가치론적 측면에서는 모든 가치의 근거가 되므로 당위의 법칙이라 할 수 있다. 한편, 기는 현상세계에 존재하는 모든 것들을 생성하는 재료가 되는 것, 즉 모든 사물을 구성하는 재료이자 운동 에너지를 의미한다. 이가 모든 사물이 존재하게 하는 최고 원리라는 점에서 절대적인 형이상학적 개념이라면, 기는 모든 사물을 구성하는 재료라는 점에서 상대적이고 운동성을 지닌 형이하학적 개념이라 할 수 있다.

> 무릇 형체가 있고 모습이 있는 것은 모두 기이고, 도(道)는 그것이 기(器)인 까닭으로서 이치이다. 형이상의 존재는 형체도 없고, 그림자도 없는데 이것이 이치이다. 형이하의 존재는 실제 모습(현상)도 있고, 형체도 있는데, 이것이 기이다. 처음에는 한 사물도 없고, 단지 이치만 있었을 뿐이다. 온갖 이치가 있기 때문에 온갖 사물이 있는 것이다. 사람이나 사물은 생

겨날 때 반드시 그 이치를 타고나 이것을 성(性)으로 삼고, 반드시 이 기(氣)를 타고나 형체[형(形)]를 갖춘다. 따라서 기가 응결(한데 엉기어 뭉침)하면 그곳에 이치도 존재한다. 기는 응결하고 조작할 수 있는 반면, 이치는 의지도 없고 운동도 없다. 기가 종자라면, 이치는 종자가 어떤 사물이 되게 하는 근원이다.

이처럼 주희는 이는 존재하는 것들의 근원이고, 기는 존재하는 것들을 드러내고(표현하고) 있는 것들로 파악한다. 따라서 존재하는 모든 것들은 이와 기의 결합이며, 논리적으로 보면 이가 먼저이고 기는 다음이다[이선기후(理先氣後)]. 아무튼 이와 기는 하나의 사물(현상)이 있으면 그곳에서 있으면서 서로 자기 역할을 하는 떼려야 뗄 수 없는 관계[이기불상리(理氣不相離)]이면서 또한 개념적·논리적으로는 서로 달라 서로 섞여 하나일 수는 없는 관계[이기불상잡(理氣不相雜)]이기도 하다. 이처럼 이와 기는 서로 분리될 수도 없지만, 서로 하나로 섞일 수도 없는 관계이다. 또한 이치 없이 존재할 수 있는 사물이란 없는 것이다.

주희는 이의 보편성과 절대성, 그리고 기의 특수성과 상대성의 속성을 여러 개의 강 속에 깃든(담긴) 하나의 달로 비유하며 이를 '이일분수(理一分殊)'로 설명한다. 즉 이는 하나이지만, 기는 여럿이라는 의미이다. 즉 "하나의 실상[이(理)]이 만 가지[기(氣)]로 나뉘게 됨으로써 하나와 여럿이 올바르게 된다. 이것을 가리켜 이일분수"라고 말한

통합사회와 윤리 교과서의 사상가들

다. 이에 따르면, "만물을 하나로 묶어 말한다면 만물이 하나의 태극(太極)이기 때문에 동일하다는 뜻이고, 만물을 각각의 사물들로 말한다면 각각 하나의 태극을 갖추고 있다는 것이다."

한편, 성리학의 '성즉리(性卽理)'란 인간을 비롯한 우주 만물의 본성[성(性)]이 곧 하늘이 부여한 이치[이(理)]라는 뜻이다. 즉 성이란 하늘로부터 부여받은 이치라는 의미이다. 이에 따라 인간의 본성에는 악이 존재할 수 없다. 주희는 이처럼 순수하고 선 그 자체인 인간의 도덕적 본성을 '본연지성(本然之性)' 또는 '천명지성(天命之性)'이라 하고, 사람마다 각자 타고난 기질에 따른 현실적 본성을 '기질지성(氣質之性)'이라고 부른다. 기질지성은 그 자체로서는 악이 아니지만, 사람마다 지닌 욕망과 결합되어 있으므로 기질의 작용이 중용(中庸)의 상태를 벗어나게 되면 악으로 흐를 수 있다. 이런 점에서 기질지성은 본연지성과 달리 선 또는 악으로 흐를 가능성이 있다. 그렇더라도 현실에서 이는 기를 떠나 존재할 수 없으므로 기질지성 속에는 이와 기가 섞여 있고, 그중에서 이만을 가리켜 말하면 본연지성이 된다.

이제 성리학의 심성론인 '심통성정(心統性情)'에 관해 살펴보자. 먼저 심[마음(心)]과 성(性)에 대해 주희는 "심과 성의 구별은 그릇(심)에 물(성)을 담는 것과 같다. 물은 모름지기 담길 수 있는 것이므로 그릇을 물이라 하면 안 된다."라고 말한다. 성은 단지 이치일 뿐이므로 지각 능력을 갖추고 있는 마음과는 구별된다. 따라서 "이치[이(理)]만으로는 아직 지각하지 못한다. 이(理)에는 정(情)과 의(意)가 없고, 혜

아려 판단함도 없으며, 조작함도 없기" 때문이다. 주희는 이를 가리켜 "심과 성은 본래 하나의 이치이다. 하지만 성을 심이라 해서도 안되고, 심을 성이라 해서도 안 된다."라고 말한다. 주희는 이에 근거해 불교나 육상산의 심학은 정신의 지각을 성으로 보고 있다고 하면서 배척한다.

주희에 따르면, 심에는 선과 악이 있다. 지각으로서의 심은 지각할수 있는 능력이라는 의미에서 정신을 의미할 뿐만 아니라 구체적인 지각 활동 및 구체적인 사유와 정감을 가리키기도 한다. 따라서 마음에는 수없이 많은 생각이 있고 그 출입에 때가 없는데, 그중에서 이치[이(理)]에 합당한 것은 선(善)이고, 그렇지 못한 것은 악(惡)이다. 그러므로 "심에는 선악이 있지만, 성[이(理)]은 선하지 않을 수 없다." 또 "인의예지는 성[체(體)]이고, 측은·수오·사양·시비는 정[용(用)]이며, 인으로 사랑하고 의로 미워하고 예로 사양하며 지로 아는 것은 심(心, 마음)이다. 성이란 마음의 이치이고, 정이란 마음의 작용이며, 마음이란 성정(性情)의 주인이다." 따라서 "성정을 겸[겸(兼), 포함하다, 아우르다, 합치다), 통(統), 거느리다, 모두, 합치다]하고 체용을 갖춘 것은 마음이다." "심[마음]은 두 개의 사물을 포괄하는데, 성은 심의 체이고, 정은 마음의 작용이다." "성정은 모두 마음에서 나오므로 마음은 이 둘을 거느릴(주재할) 수 있다." 따라서 "마음은 성정의 주인"이라 할 수 있다.

주희의 성리학은 기질지성, 즉 사람마다 갖고 태어나는 욕망과 기질 때문에 각자가 자신의 기질을 조절하여 본연지성을 회복해야 한다고 주장하는데, 이것이 성리학의 수양론이다. 주희는 이를 위해 하늘로부터 부여받은 천리(天理)로서 선한 본성은 보존하고, 인간의 욕망이 악으로 흐르지 않도록, 즉 기질적 욕망을 제어하여 도덕적 실천이 방해받지 않도록 해야 한다는 것이다.

또 천리로서 도덕적 본성을 보존하기 위해서는 거경궁리(居敬窮理)와 존양성찰(存養省察, 선한 본성을 보존하고 함양하며, 마음을 성찰함)해야 한다. 거경이란 선한 본성을 지키기 위해 항상 마음을 집중하고 깨어있어야 한다는 것이고, 궁리란 사물의 이치를 탐구하여 궁극적 지식에 이르려고 힘써야 한다는 것이다. 주희는 "배우는 사람이 궁리하지 않으면 도리를 깨달을 수 없고, 궁리하면서 경(敬)을 유지하지 않으면 또한 도리를 깨달을 수 없다."라고 했는데, 이는 성현(聖賢)의 배움이 '경' 한 글자에 있음을 보여주는 것이라 할 수 있다.

한편, 주희는 특히 도덕적 실천을 위해서는 인간을 포함한 사물의 본성과 인간 사회의 마땅한 이치를 깊고 넓게 연구하는 '격물치지(格物致知)'를 강조한다.

> 격(格)이란 이르는[지(至)] 것이다. 격물이란 물(物)에 이르러 물리(物理)를 다하는[진(盡)] 것이다. 사물의 이치를 다 궁구하지 못하면 나의 앎 또한 다하지 못하게 된다. 그러므로 반드시 그 극진함에 이르고 난 이후에야 그치는 것이다. 사물의 이치를 모두 다하면 곧 나의 앎이 활연(豁然)히 관통하게

되어 가림이나 장애가 없게 되고 뜻이 성실하지 않음이 없게 되며, 마음이 바르게 되지 않음이 없게 된다.

주희에게 '격(格)'이란 "사물에 나아감[즉물(即物, 사물과 접촉함)]"과 "지극함에 이름[(至)]"이라는 의미가 있다. 위의 말처럼 사물에 나아가 그 지극함, 즉 '궁극에 도달함'을 의미한다. 또 궁극에 도달함이란 "궁구(窮究, 깊이 파고들어 연구함)하여 그 극에 이르는 것"을 말한다. 한편, 주희는 "격물하게 되면 자연히 치지하게 되는데, 이것은 음식을 먹으면 배가 부르는 것과 같다."라고 하면서 격물과 치지를 '밥을 먹는 일'과 '배부름'에 비유한다.

> 격물은 치지하는 것이다. 하나의 사물에서 하나의 이치를 궁구하여 얻게 되면, 나의 앎도 또한 한 개를 얻게 되고, 두 사물에서 두 개의 이치를 얻게 되면 나의 앎도 또한 두 개의 이치를 얻게 된다. 말하자면 사물의 이치[물리(物理)]를 많이 궁구하여 얻게 될수록 나의 앎도 더욱 넓어지게 되는 것이다. 따라서 격물과 치지는 곧 하나의 일이지 오늘 격물하고 내일 치지하는 것이 결코 아니다. 치지는 격물에 있다는 말 또한 나의 지식을 지극히 하고자 한다면 사물에 나아가 그 이치를 궁구해야 한다는 것이다.

이처럼 주희는 격물과 치지는 근본이 하나이므로 두 종류의 공부가 아니라고 보았다. 이것은 지(知, 앎)와 행(行)의 관계로 나아가게 된다. 주희는 지와 행에는 선후가 있으며, 이 둘은 함께 나아가는[병진(竝進)] 관계라고 말한다. "선후를 논하면 마땅히 치지가 먼저이고, 경중(輕重, 가벼움과 중함)을 논하면 마땅히 힘써 행함이 중하다."라고 강조한다.

> 배우는 사람은 처음에 앎을 얻으면 행할 수 있어야 하고, 끝에는 행한 것이 그 궁구한 뜻에 도달해야 한다. 앎이 행함에 미치지 못하면 그 앎은 얕은 앎이다. 따라서 직접 밟아서 앎이 더욱 명확해지면 지난날의 의미와는 다르게 될 것이다. 약지(略知)에서 실질적인 체험을 하고 믿고 얻는 것이 있어야 바로 진지(眞知)이다. 지와 행의 공부는 함께 드러나야 한다. 지가 더욱 밝아지면 행도 더욱 독실해지고, 행이 더욱 돈독해지면 지도 더욱 밝아진다. 지와 행의 공부는 모름지기 아울러 드러나야 한다. 사람의 두 다리가 번갈아 서로 나아가야 목적지에 도달할 수 있는 것처럼 만약 한쪽이 어그러진다면 다른 한쪽도 앞으로 나아갈 수 없을 것이다.

주희는 앎과 행함에서 먼저와 다음이 있음을 주장하면서도 이 둘을 나누어 보아서는 안 된다고 강조한다. 즉 논리적으로 궁리가 먼저이기는 하지만 선후를 자르려 해서는 안 된다는 것이다. 왜냐하면 참된 앎[진지(眞知)]에 이른 다음 비로소 힘써 행해야 한다는 뜻이 아니기 때문이다. 주희에 의하면, 위의 인용문에 나와 있듯이 지와 행의 공부는 모름지기 아울러 함께 드러나야 하는 것이다. 주희는 도리를 깨달은 후에 행동으로 옮기는 공부는 쓸모가 없다고 보았다. 그에게 지와 행은 서로를 일으켜 주고, 서로를 이루어 주는 관계이다.

주희

- 이(理): 존재하는 모든 것들의 근본 원리(당위로서 법칙)로서 이치, 기(氣)의 존재 근거이자 원리로 절대적·형이상학적 개념(의지나 운동이 없음)

- 기(氣): 변화하는 현상 및 자연 세계를 가리키는 용어. 현상 세계의 모든 것을 생성하는 재료가 되는 것으로 상대적·형이하학적 개념

- 기가 종자(種子)라면 이는 종자가 어떤 사물이 되게 하는 근원임

- 이와 기의 관계: 이기불상잡, 이기불상리, 이일분수, 이선기후

- 이일분수: 하나의 실상[이(理)]이 만 가지[기(氣)]로 나뉘게 됨으로써 하나와 여럿이 올바르게 됨

- 성즉리(性卽理): 인간을 비롯한 우주 만물의 본성[성(性)]이 곧 하늘이 부여한 이치[이(理)]라는 의미

- 본연지성(本然之性): 하늘로부터 부여받은 이치로서 순수한 선 그 자체 (도덕적 본성)

- 기질지성(氣質之性): 사람마다 각자 타고 태어난 기질로서 현실적 본성

- 심통성정(心統性情): 인의예지는 성[성(性): 체(體)]이고, 사단은 용(用)임. 인으로써 사랑하고, 의로써 미워하고, 예로써 사양하며, 지로써 아는 것은 마음[심(心)]임. 성이란 마음의 이치이고, 정이란 마음의 작용이므로 마음은 성정(性情)의 주인임

통합사회와 윤리 교과서의 사상가들

- 수양론: 존천리거인욕, 거경궁리, 존양성찰, 격물치지

- 지행병진과 선지후행: 격물치지는 근본이 하나이므로 두 종류의 공부가
  아님. 지행은 선후와 경중이 있음. 지행은 서로를 일으켜 주고, 서로를 이
  루어 주는 관계임

38

이황 이이
李滉 李珥

이황

이이

**"사단은 인의예지라는 성(性)에서 발동하는 반면, 칠정은
밖의 사물이 형기에 닿으면 마음속에서 움직여 대상을 따라 나온다"** 이황

**"사단이란 선한 감정을 달리 부르는 것일 뿐이다.
사단은 칠정 가운데 들어 있는 것이다"** 이이

　이황(李滉, 1501~1570)과 이이(李珥, 1536~1584)는 한국의 성리학, 특히 '사단칠정론'을 정립한 대표적인 학자들이다. 그런데 사단이란 용어는 『맹자』에서, 그리고 칠정이란 용어는 『예기』에서 나온다. 이 때문에 사단과 칠정은 본래 서로 직접적 연관이 없는 개념이었으므로 주희 또한 사단과 칠정에 대해 언급은 했지만, 이 두 용어에 대해 큰 관심을 두지 않았던 것으로 보인다.

　사단칠정론을 이해하기 위해서는 훈구파와 사림파 간 갈등, 즉 사화와 당쟁(붕당정치)이라는 당시 조선의 정치 상황도 떠올릴 필요가 있다. 왜냐하면 조선의 4대 사화인 무오사화(이황이 태어나기 3년 전), 갑자사화(4세), 기묘사화(19세), 을사사화(45세)가 모두 이황이 활동했던 시기와 직간접적으로 맞물려 있기 때문이다. 이것은 성리학적 이념을 기반으로 건국한 조선의 이념적 위기로도 해석될 수 있는 부분이다.

이황은 조선 사회가 맞닥뜨린 이러한 문제 상황을 성리학적 관점, 즉 인간의 심성에 초점을 맞추어 진단하고자 했고, 이런 노력은 사단칠정 논쟁의 기반이 된다. 사단칠정론의 핵심은 성리학의 근본 원리인 이기론의 관점에서 사단과 칠정이 어떻게 이해되고 설명될 수 있는가와 관련된다. 앞에서 살폈던 것처럼, 성리학의 이기론은 자연 현상은 물론 인간의 마음에 이르기까지 모든 문제를 이(理)와 기(氣)라는 용어로 해석함으로써 세계를 통일적으로 인식하려는 입장이다. 그런데 주희는 마음의 본체인 성(性)을 이기론으로 설명하여 '성즉리(性卽理)'라는 명제를 정립했지만, 감정[정(情)]에 대해서는 별로 관심을 두지 않았는데, 이것이 당시 조선 사회에 대한 인식과 맞물리면서 인간에 대한 심층적 이해로 발전하게 되고, 나아가 사단칠정론으로 정립되기에 이른다.

이황은 사단과 칠정을 성리학의 이기론에 기초해 이와 기가 다르듯이 사단과 칠정 또한 다른 감정이라는 점을 밝히고자 했다. 이황은 "사단과 칠정이 모두 정(情)이라고 말하면서도 아직도 이와 기로 나누어 말하는 사람을 보지 못했다."라고 지적하면서 사단과 칠정을 이와 기의 관점에 근거해 나누어야 한다고 주장한다. 이황은 "내가 정에 사단과 칠정의 구분이 있다고 말하는 것은 성(性)에 본연지성과 기질지성의 다름이 있다고 말하는 것과 같다. 성에 대해서는 이와 기로 나누어 말할 수 있는데, 유독 정에 대해서는 이와 기로 나누어 말할 수 없다는 것인가?"라고 문제를 제기한다.

이황에 의하면, 사단과 칠정이 정(情)이란 점에서는 같은데, 사단과 칠정이라고 서로 다른 이름을 붙인 이유는 "나아가 말한 바가 다르기 때문"이며, 그렇기 때문에 이 둘을 서로 구별하지 않을 수 없다는 것이다. 즉 사단과 칠정이 사실적 측면에서는 같은 정이지만, 말하는 사람의 관점에 따라 사단 또는 칠정이라는 다른 명칭을 사용할 수 있으므로 인식론적 측면에서 보면 서로 구별하지 않을 수 없다는 뜻이다.

이것을 물속에 잠겨 있는 구슬의 비유를 통해 살펴보자. 물이 맑으면 구슬의 본래 모양과 빛깔이 잘 드러나지만, 물이 탁하면 흐릿하거나 잘 드러나지 않는다. 흐린 물에 가려지기 때문이다. 그렇다고 구슬 자체가 흐릿하게 변한 것이라 할 수는 없다. 마찬가지로 이(理)는 본래 순수한 절대선이지만, 기질에 내재된 이는 기(氣)의 청탁(맑고 흐림)에 따라 그 선함이 드러나기도 하고 가려지기도 하는데, 이때의 이를 기질지성이라고 한다. 그렇다고 기질에 내재된 이 자체의 순수선이 손상될 수는 없다. 그 이는 본연지성이기 때문이다. 이렇게 보면 기질지성과 본연지성은 같은 성(性)이지만, 가리켜 말하는 바가 기질에 내재되어 있는 이 그 자체를 가리키면 본연지성이 되어 순수하게 선한 본성이 된다. 반면 가리켜 말하는 바가 기질을 겸하는 데 있으면 기질지성이 되어 기질의 맑고 흐린 정도에 따라 선(善)이 드러나는 정도가 다르게 된다. 이것을 정(情)으로서 사단과 칠정에 적용하면 '사단은 이', '칠정은 이와 기'라는 논리가 성립할 수 있다는 것이 이황의 주장이다.

> 사단은 각각 인의예지라는 성(性)에서 발동하는 반면, 칠정은 밖의 사물이 형기(겉으로 드러나는 형상과 기운)에 닿으면 마음속에서 움직여 대상을 따라 나온다. 마음은 본래 이와 기가 합해져 있는 것이므로, 가리켜 말하는 바가 이를 주로 한다는 말은, 즉 인의예지의 성은 순수하게 마음속에 있고, 사단은 그 단서(端緒)라는 뜻이다. 또 가리켜 말하는 바가 기를 주로 한다는 말은, 즉 밖의 사물이 다가오면 그것에 감응하여 움직이는 것이 형기인데, 이것이 칠정의 싹이다. 따라서 사단은 모두 선이고, 칠정은 선과 악이 아직 결정되지 않았으므로 잘 살피지 않으면 마음이 올바르게 될 수 없고 절도에도 맞지 않게 되어 화(和)할 수 없게 된다. 그러므로 소중히 여기는 바를 가리켜 말한다면, "사단은 이가 되고, 칠정은 기가 된다."라고 말할 수 있다.

이황은 계속해서 이런 논리를 따라 주자 또한 "사단은 이가 발현된 것이고, 칠정은 기가 발현된 것"이라 했다고 주장한다. 결론적으로 "사단과 칠정을 대응시켜 각각 나누어 말한다면, 칠정과 기의 관계는 사단과 이의 관계와 같다."라는 것이 이황의 주장이다. 이황은 자신의 최종 입장을 "사단은 이가 발현함에 기가 그것을 따르고, 칠정은 기가 발동함에 이가 그것을 타는 것이다. 사단은 본래 순수하게 선하고 악이 없지만, 이가 발한 것이 완수되지 못하고 기에 가려지면 불선(不善)이 된다."라고 제시하면서, "이가 발현함에 기가 그것을 따르고, 기가 발동함에 이가 그것을 탄다."라고 정리한다. 이것을 가리켜 '이기호발설(理氣互發說)'이라고 한다.

이처럼 이황은 조선의 성리학적 이념의 위기 상황을 인간의 심성에 관한 연구를 통해 해결을 위한 실마리를 찾고자 했고, 이것을 '이는 귀하고 기는 천하다'는 이귀기천(理貴氣賤)의 논리에 근거하는 한편, 하늘에 의해 주어진 인간의 순수한 도덕성의 회복을 통해 극복하고자 했다.

한편, '이기불상잡'에 기초해 사단과 칠정을 구분 짓고, 두 감정의 근원이 서로 다르다는 이황과 달리, 이이는 '이기불상리'에 기초해 사단과 칠정을 하나의 같은 감정이라는 관점에서 출발한다. 이이는 사단과 칠정은 하나의 감정인데, 사단이라고 할 때는 이(理)만을 가리켜 말하는 경우이고, 칠정이라 할 때는 이와 기를 포괄하여 말하는 경우라고 주장한다. 즉 "정(情)은 하나이지만 사단(四端) 또는 칠정(七情)이라고 말하는 것은 이치만을 가리켜 말하는 것과 기를 겸하여 말하는 것과의 차이 때문이다. 이런 까닭에 사단은 칠정을 겸할 수 없지만, 칠정은 사단을 겸한다."라는 것이 이이의 입장이다.

사람의 성(性)이란 인의예지신 다섯 가지일 뿐이기 때문에
이외에 다른 성이 있을 수 없다. 또 감정에는 희로애구애오욕
(喜怒哀懼愛惡欲), 일곱 가지일 뿐이기 때문에 다른 감정이 있
을 수 없다. 따라서 사단이란 선한 감정을 달리 부르는 것일
뿐이다. 사단은 칠정 가운데 들어 있는 것이다. 칠정 이외에
따로 사단이 있는 것이 아니다.

이에 근거해 이이는 사단과 칠정의 관계에 대해 사단은 칠정을 포괄
할 수 없지만, 칠정은 사단을 포괄한다고 보았으며, 사단은 그 완전함
에서 칠정에 미치지 못하지만, 칠정은 그 순수함에 있어서는 사단에
미치지 못한다고 보았다. 이 때문에 이이는 이황의 '이발기수설(理發
氣隨說)' 또한 인정하지 않고, '기발이승일도설(氣發理乘一途說)'만을
자신의 입장으로 제시한다.

움직이고 활동하는 것은 기(氣)이고, 이와 같이 되는 것은 이
치[이(理)]이다. 기가 가 아니면 발할 수 없고, 이치가 아니면
발할 수 있는 까닭(근거)이 없게 된다. 이치가 아니면 기는 근
거하는 곳이 없게 되고, 기가 아니면 이치는 의지하여 드러나
는 곳이 없게 된다.

이이의 기발이승일도설에 의하면, 이치는 하나[일(一)]이기 때문에
수많은 양상이나 모습으로 드러날 수 없고, 단지 서로 다른 기(기운)

를 타고 널리 퍼지면[유행(流行)] 그 나뉘는 모양이 다양하고 다르게 된다[이일분수(理一分殊)]. 즉 단지 기가 서로 다른 다양한 모습으로 나뉠 때 이치는 그 기를 올라타는 것이다. 따라서 "움직이고 활동하는 것은 기[기발(氣發)]이고, 이와 같이 되는 까닭[소이(所以)]은 이치"인 것이다. 이 때문에 이황의 주장처럼 사단은 이가 발하여 기가 따르고, 칠정은 기가 발하여 이가 탄다고 주장하게 된다면, 이것은 이와 기가 각각 두 개의 존재가 되어 둘로 갈라지게 되는데, 이것은 사람의 마음에 각각 두 개의 근본[이본(二本)]이 있다고 주장하는 것이 되므로 옳지 않다는 것이 이이의 입장이다. 이와 기는 서로 분리될 수 없고, 그 발용은 하나, 즉 '기발'뿐인 것이다.

> 해·달·별이 하늘에 걸려 있는 것, 비·눈·서리·이슬이 땅에 내리는 것 등은 모두 기(氣)이고, 해·달·별이 하늘에 걸려 있는 까닭, 비·눈·서리·이슬이 땅에 내리는 까닭은 모두 이(理)이다. 자연의 이는 형이상자(이성적 직관에 의해 포착되는 초경험적·근원적 영역)이고, 자연의 기는 형이하자(형체를 갖추어 나타나는 물질 영역)이다. 이가 있으면 기가 없을 수 없고, 기가 있으면 만물을 낳지 않을 수 없다. 기가 움직이면 양(陽)이 되고, 고요하면 음(陰)이 된다. 움직이고 고요한 것은 기이고, 움직임과 고요함을 가능하게 하는 것은 이이다. 이와 기는 서로 분리될 수 없고, 작용하여 드러나는 것은 하나이다.

이황

- 주리론적 관점에서 이와 기의 '불상잡(서로 섞일 수 없음)'을 강조
- 만물을 이와 기로 구분할 수 있듯이 사단과 칠정도 이와 기로 구분할 수 있음
- 사단은 이가 발현된 것이고, 칠정은 기가 발현된 것임
- 이가 발하면 기가 이를 따르고, 기가 발하면 이가 기를 타는 것임(이기호 발설)
- 사단은 각각 인의예지라는 성(性)에서 발동하는 반면, 칠정은 밖의 사물이 형기에 닿으면 마음속에서 움직여 대상을 따라 나옴

이이

- 사람의 성(性)이란 인의예지신 다섯 가지일 뿐이기 때문에 이외에 다른 성이 있을 수 없음
- 사단은 선한 감정을 달리 부르는 것일 뿐임
- 사단은 칠정 가운데 들어 있는 것으로 칠정 이외에 따로 사단이 있는 것이 아님
- 움직이고 활동하는 것은 기(氣)이고, 이와 같이 되는 것은 이치[이(理)]이므로 기가 아니면 발할 수 없고, 이치가 아니면 발할 수 있는 까닭이 없음
- 이와 기는 서로 분리될 수 없고, 그 발용은 하나, 즉 '기발'뿐임('기발이승 일도설')

39

정약용

丁若鏞

**"선으로 향하는 것도 자신의 공로이고,
악으로 치닫는 것도 자신의 죄가 되니 두려워하지 않을 수 없다"**

　조선의 성리학적 신분 사회에서 천주교의 세례를 받은 정약용
[1762~1836. 세례명은 약망(若望, 요한)이며, 우리나라 첫 순교자 바
오로 윤지충은 정약용의 가르침으로 천주교에 입교한 외사촌으로 어머
니의 위패를 폐하고 제사를 지내지 않아 사형됨]은 마테오 리치의 『천
주실의』로부터 깊은 영향을 받았다. 그는 천주교의 내세와 심판, 천당
지옥설 등을 거부하면서도 천주의 인격적 이미지를 받아들였는데, 그
가 강조했던 상제(上帝) 개념은 인격적 천주의 모습과 매우 비슷했다.
그가 상제(上帝)를 다음과 같이 묘사하고 있기 때문이다. "오늘날 큰
병폐는 하늘[天]을 상제[帝, 천자, 하늘, 하느님]라고 이해하는 것이

다. 상제란 하늘과 땅, 귀신들과 인간들 밖에 있으면서 하늘과 땅, 귀신과 인간, 만물을 만들고 그들을 다스리며 편안하게 길러주는 자이다."

정약용은 이처럼 자신이 말하고 있는 상제란 결코 물리적 범주로서 하늘[天]이나 천지(天地)로 이해해서는 안 된다고 강조하고 있다. 그에게 상제는 천지 자연물과 인간을 만들어내는 주체이자 이들 존재자들 모두를 올바른 길로 이끌면서 그들 각각의 본성이 자신들의 본성에 어울리도록 길러주는 자이다. 이 점에서 상제는 세상에 명령을 내리고 경영하는 자라고 할 수 있다.

우리 역사를 이제 막 공부하기 시작하는 초등학생만 되어도 '정약용=실학자', '정약용=유배지에서의 삶', '정약용=『목민심서』'를 떠올리는 것에 익숙하다 못해 하나의 정답처럼 받아들이고 있지만, 우리가 정약용에 주목해야 할 더욱 중요한 이유는 그의 사고 체계 전반에 흐르는 세계관과 새로운 인간관 때문이다. 먼저 인간의 성(性)과 관련해 정약용은 다음과 같이 설명한다.

> 맹자가 말한 성선(性善)에 어찌 잘못이 있겠는가? 다만 어쩔 수 없이 선한 사람이 된다면, 자기 자신에게 공로가 없게 된다. 이 때문에 (상제가 인간에게) 선할 수도 있고, 악할 수도 있는 권형(權衡, 저울과 저울추의 역할)을 부여하여 자신의 주장에 따라 선을 행하려고 하면 선을 따르게 하고, 악을 향하

려고 하면 악을 따르게 하였으니, 이것이 바로 공과(功過, 공
로와 죄)가 발생한 이유이다. 이로부터 선으로 향하는 것도
자신의 공로이고, 악으로 치닫는 것도 자신의 죄가 되니 두려
워하지 않을 수 있겠는가?

정약용은 맹자의 주장처럼 성선설 하나만으로는 도덕·윤리적 존재
로서 인간의 지위를 해명하기 어렵다고 보았으며, 인간은 스스로 자기
행위의 주체가 됨으로써 도덕적 행위와 도덕적 판단 및 선택에 참여할
수 있다고 보았다. 그에 의하면, 마테오리치의 표현처럼 인간은 동물
과 달리 자신의 행위가 예(禮)에 합당한지 그렇지 않은지를 판단할 수
있고, 또한 그에 따라 행할 수도 그렇지 않을 수도 있는 마음의 역량,
즉 권형을 지닌다는 것이다. 정약용은 인간과 동물의 공통점을 인정하
면서도 인간을 동물과 구분 짓고, 인간이 선악 사이에서 갈등하는 현
실적 존재라는 점에 주목하고, 이를 상제가 인간에게 부여한 성(性)으
로서 마음의 기호(嗜好)라는 개념으로 묘사한다. 인간은 하늘, 즉 상
제에 의해 권형으로서 자유의지와 함께 선천적인 도덕적 욕구를 부여
받았다는 것이다.

하늘은 인간에게 성(性)을 부여했는데, 악을 저지르는 때를
만나면 한쪽에서는 욕구가 일어나고 한쪽에서는 이를 저지
하니, 저지하는 것은 곧 성(性)이 받은 천명(天命)임이 분명
하다. 하늘은 인간에게 자주의 권한[自主之權]을 주어 선을

행하고자 하면 선을 행하고, 악을 행하고자 하면 악을 저지르
게 하여 선악을 행하려는 방향이 고정되어 있지 않게 했다.
성이 선을 좋아하고, 악을 부끄러워하는 것이 이미 분명한데,
이 성을 거슬러 악을 저지른다면 그 죄를 어떻게 면할 수 있
겠는가?

이처럼 정약용은 상제에 의해 인간에게는 선을 좋아하는 욕구[天命
之性]가 이미 부여되어 있는데, 그럼에도 우리의 자주지권(자유의지)
이 선이 아닌 불선(不善)을 선택한다면, 이는 전적으로 그렇게 선택한
각자의 책임으로 귀결될 수밖에 없다고 본다. 한편, 정약용은 성을 기
호(욕구)의 관점에서 두 가지로 제시한다.

기호(좋아함, 욕구)에는 눈앞의 즐거움에 빠지는 기호[탐락
(耽樂)], 예를 들어 꿩의 성은 산을 좋아하고 사슴의 성이 들
을 좋아하는 것이다. 인간의 성에 관해 논하면, 사람은 선을
즐거워하고 악을 부끄러워하지 않음이 없다. 또 기질지성은
단 것을 좋아하고 쓴 것을 싫어하며, 향기를 좋아하고 악취를
싫어하는 것이다. 반면, 천명지성은 선을 좋아하고 악을 미워
하며, 의를 좋아하고 탐욕을 미워하는 것이다. 기호라는 이름
은 같지만, 기호(욕구)의 대상은 다른 것이다.

이러한 관점에 근거할 때 정약용은 인간과 동물이 눈앞의 즐거움을

감각·육체적 욕구(즉 형구의 기호)를 지닌다는 점에서 공통점이 있지만, 인간은 동물과 달리 도덕적 기호(즉 영지의 기호)가 있다고 보고 있는 것이다. 한편, 정약용은 기호로서 성은 배워서 알게 되는 것이 아니라 누구나 선천적으로 느낄 수 있는 것임을 강조한다. 즉 동물에게 선천적인 욕구와 필요가 있는 것처럼, 선악에 관한 인간의 욕구는 본성이 바라고 욕구하는 것으로, 그것은 선천적 경향성으로 우리 모두에게 존재한다는 것이다. 그렇다면 성리학에서 강조하는 이치와 성으로서 사덕, 즉 인의예지는 정약용에게 어떻게 파악되는가? 이에 대해서도 정약용은 인간이 지닌 도덕적 욕구로서 기호라는 관점에서 해명한다.

> 인의예지(仁義禮智)의 사덕은 어떤 일을 행함[行事]으로써 이룰 수 있는 것이다. 남을 사랑한 뒤에 인이라 하지, 남을 사랑하기 전에 인이란 명칭은 세워지지 않는다. 나를 선하게 한 뒤에 의라고 하지, 나를 선하게 하지 전에 의라는 명칭은 세워지지 않는다. 손님과 주인이 서로 사양한 뒤에 예라는 명칭이 성립하고, 사물을 분명히 분별한 뒤에 지라는 명칭이 세워진다.

이처럼 정약용은 인의예지의 사덕은 성리학의 주장처럼 인간의 본성에 알맹이처럼 이미 깃든 본성이 아니라 사단의 마음을 지속적으로 실천함으로써 형성하게 되는 후천적 덕목임을 분명히 해둔다. 이것을 흔히 성리학의 단서설(端緒說)과 구분 지어 단시설(端始說)이라고 부른다. 또 유학자로서 정약용은 사덕을 갖추기 위해서는 수양이 필요하다고 강조하는데, 예를 들어 홀로 있을 때도 도리에 어긋나지 않도록 마음과 몸가짐을 삼가는 신독(愼獨), 서(恕)를 실천하며 하늘을 섬기는 공부, 쉼 없이 오랫동안 지속하여 쓰는 용(庸, 떳떳함)의 공부를 강조한다. 정약용은 이런 공부를 함으로써 우리에게 성을 부여해 준 상제의 명령을 들을 수 있다고 보았다.

정약용

- 상제(上帝): 하늘과 땅, 귀신들과 인간들 밖에 있으면서 하늘과 땅, 귀신과 인간, 만물을 만들고 그들을 다스리며 편안하게 길러주는 자
- 인간은 상제로부터 자유의지(자주지권)와 기호(형구의 기호와 영지의 기호)를 부여받음. 기질지성과 천명지성을 지님.
- 인간은 영지의 기호(도덕적 기호)에 의해 동물과 구분됨
- 단시설: 인의예지의 사덕은 사단의 지속적 실천을 통해 형성되는 것(갖춰지는 것)임
- 도덕적 인격의 형성을 위해 신독과 서(恕), 용(庸)의 공부를 해야 함
- 성기호설: 기호(욕구)가 없이 이루어질 수 있는 것은 없음

40

석가모니
釋迦牟尼

"무명(無明)을 조건으로 의도적 행위들이 발생하고, 갈애를 조건으로 집착이 발생하며, 이렇게 인연에 따라 육체적·정신적 고통이 발생한다"

북인도(네팔 지방)에서 태어난 석가모니(기원전 563~기원전 483?)의 본명은 '고타마 싯다르타'이다. 석가모니는 '석가족 출신의 크게 깨달은 자[聖者]'라는 의미를 지닌다. 석가모니는 불타, 아라한, 여래, 세존 등의 존칭으로 사용되기도 한다. 석가모니는 왕족이었으나 왕궁에서의 안락한 삶을 버리고 수행자로서 삶을 실천했으며, 마침내 깨달음에 이른 다음, 연기법과 사성제, 팔정도 등 진리의 수레바퀴를 처음으로 굴리기 시작한 것[초전법륜(初轉法輪)]으로 전해진다.

불교는 인간 존재의 본질적 속성인 오온(五蘊), 즉 '색수상행식[자아를 구성하는 다섯 가지 요소로 색온(色蘊), 수온(受蘊), 상온(想蘊), 행온(行蘊), 식온(識蘊)을 말함]'으로 말미암아 일어나게 되는 괴로움(번뇌)에서 벗어나 해탈에 이르는 것을 이상으로 삼는 깨달음의 종교이다. 불교를 이해하려면 무엇보다 석가모니의 근본 깨달음인 연기법(緣起法)에 대한 이해가 필요하다. 연기란 인연(因緣)과 생기(生起)를 줄인 말로 이해하면 쉬운데, 그것의 의미는 세상의 모든 것은 그것이 무엇이든지 사물이나 현상이 되어 일어나려면(발생하려면) 원인과 여러 조건이 있어야 한다는 뜻이다. 석가모니는 이것은 자신이 만들어낸 것이 아니며, 그와 같은 이치를 깨달은 것이라 했는데, 그는 이러한 이치에 대한 무지로부터 발생하는 탐(貪), 성냄[瞋], 어리석음[痴], 즉 괴로움이 발생한다고 보았다. 그는 이것을 연기법에 근거해 '고온(苦蘊)'의 일어남으로 보면서 다음과 같이 말한다.

> 이것이 있을 때 저것이 있다. 이것이 일어날 때 저것이 일어난다. 이것이 없을 때 저것이 없다. 이것이 소멸할 때 저것이 소멸한다. 무명(無明)을 조건으로 의도적 행위들이, 이것을 조건으로 알음알이(약삭빠름)가, 이것을 조건으로 정신·물질이, 정신·물질을 조건으로 여섯 감각 장소가, 느낌을 조건으로 갈애가, 갈애를 조건으로 취착(取着)이, 취착을 조건으로 존재가, 존재를 조건으로 태어남이, 태어남을 조건으로 늙음·죽음과 근심·탄식·육체적 고통·정신적 고통·절망이 발생한다. 이와 같이 전체 괴로움의 무더기[苦蘊]가 발생한다. 이를

일러 연기라 한다.

이처럼 세상의 모든 사물과 현상을 연기, 즉 원인[인(因)]과 결과[과(果)]의 관점에서 바라보게 되면, 존재하는 것이란 그것이 무엇이든 불변하여 영원하며 어떤 것의 근원이 되는 그러한 실체란 존재할 수 없게 된다. 또 연기의 관점에서 바라보게 되면 '나(자아)', '내 것', '실체로서 나'라고 할 수 있는 것도 없게 된다. 이러한 견해는 변하지 않는 실체란 존재하지 않는다는 말은 '무상(無常)'으로, '자아' 또는 '내 것'이란 것은 없다는 말은 '무아(無我)'라는 말로 우리에게 익히 알려져 있다.

그럼에도 인간은 어리석음(무명)과 번뇌에 쌓인 욕망[갈애(渴愛)] 때문에 무상과 무아라는 만물의 실상을 있는 그대로 꿰뚫어 보지 못한 채 괴로움의 윤회로부터 벗어나지 못한 삶을 살아간다는 것이 석가모니의 통찰이다. 이 때문에 석가모니는 이러한 번뇌로부터 벗어나 더 이상 다시 태어남(즉 윤회)이 없는 열반에 이르기 위해서는 양쪽 극단에 치우치지 않는 계정혜(戒定慧), 즉 팔정도(八正道)의 중도(中道)를 수행해야 한다고 가르친다.

'모든 것은 있다.'라는 것도 하나의 극단이고, '모든 것은 없다.'라는 것도 또한 하나의 극단이다. 이러한 양극단을 여읜 중간[中, 중도(中道)]에 따라 여래는 법을 풀어서 이야기한다. 무명이 남김없이 빛바래어 소멸하기 때문에 의도적 행위들이 소멸하고, 의도적 행위들이 소멸하기 때문에 정신·물질이 소멸하고, 정신·물질이 소멸하기 때문에 알음알이가 소멸하고, 알음알이가 소멸하기 때문에 여섯 감각 장소가 소멸하며, 그것이 소멸하기 때문에 감각 접촉이 소멸하고, 감각 접촉이 소멸하기 때문에 느낌이 소멸하고, 느낌이 소멸하기 때문에 갈애가 소멸하고, 갈애가 소멸하기 때문에 취착이 소멸하고, 취착이 소멸하기 때문에 태어남이 소멸하고, 태어남이 소멸하기 때문에 늙음·죽음과 근심·탄식·육체적 고통·정신적 고통·절망이 소멸한다. 이와 같이 전체 괴로움의 무더기가 소멸한다. 이것이 성스러운 방법을 통찰지로 잘 보고 잘 꿰뚫는 것이다. 즉 확실하고 완전한 깨달음으로 나아간다.

석가모니는 팔정도와 관련해 "(행실이 바르지 못하고 나쁜) 삿된 견해를 가진 자들은 그런 사람들과 어울리고, 삿된 견해를 가진 자들은 그런 자들과 어울리며, 삿된 말을 가진 자들은 그런 자들과 어울리고, 삿된 행위를 가진 자들은 그런 자들과 어울리며, 삿된 생계를 가진 자들은 그런 자들과 어울리고, 삿된 정진을 가진 자들은 그런 자들과 어울리며, 삿된 마음 챙김을 가진 자들은 그런 자들과 어울리고, 삿된 삼매를 가진 자들은 그런 자들과 어울린다."라고 말한다. 그런 다음, 그는 "바른 견해를 가진 자들은 바른 견해를 가진 자들과 어울리고, 바른 사유를 가진 자들은……, 바른 견해를 가진 자들은……, 바른말을 가진 자들은……, 바른 행위를 가진 자들은……, 바른 생계를 가진 자들은……, 바른 정진을 가진 자들은……, 바른 삼매를 가진 자들은 바른 삼매를 가진 자들과 함께 어울린다.”라고 함으로써 중도를 행하는 팔정도에 대해 이야기한다. 이렇게 보면, 팔정도는 계정혜, 즉 계(戒)는 나쁜 짓을 하지 않는 것, 정(定)은 산란한 마음을 안정되도록 하는 것, 혜(慧)는 진리를 깨닫는 것과 관련된다고 하겠다.

석가모니는 “물질은 무상하고, 무상한 것은 괴로움이며, 괴로움인 것은 무아이다. 무아인 것은 ‘이것은 내 것이 아니고, 이것은 나의 자아가 아니다.’라고 있는 그대로 바른 통찰지로 봐야 한다.”라고 가르친다. 계속해서 그는 “이것을 잘 배운 성스러운 제자는 물질, 느낌, 인식, 심리 현상, 알음알이를 마음으로부터 싫어하고[厭惡], 염오함으로써 탐욕이 빛바래고, 탐욕이 빛바래므로 해탈에 이른다. 이로써 청정 범행(梵行)은 성취되었고, 이로써 어떤 존재로도 돌아오지 않게 됨을 꿰뚫어 안다(최상의 지혜).”라고 말한다. 해탈, 즉 번뇌의 얽매임에서 풀리고 미혹의 괴로움에서 벗어난다는 의미이다. 석가모니는 이처럼 차별된 생각을 뛰어넘어 평화롭게 되고 잘 해탈하기 위해서는 무아를 있는 그대로 바른 통찰지로 본 뒤에라야 취착 없이 해탈할 수 있다고 보았다.

지금까지의 이야기를 종합하여 석가모니 불교를 이루는 주요 개념을 정리하며, 연기법, 사성제[고집멸도(苦集滅道)], 계정혜와 팔정도, 사법인(제행무상, 제법무아, 일체개고, 열반적정)으로 요약할 수 있다.

석가모니가 열반에 든 후 그의 가르침과 계율에 관한 서로 다른 견해들은 여러 분파로 나뉘게 되는데 이를 부파 불교라고 부른다. 또 이론과 학문 중심의 부파 불교를 비판하며 불교의 혁신과 중생 제도를 강조하는 불교가 등장하게 되는데, 이것이 대승 불교 운동이다. 중국과 우리나라의 불교는 대승 불교를 기초로 하고 있다.

석가모니

- 주요 가르침: 연기법, 사성제(고집멸도), 사법인

- 연기법: "이것이 생기기 때문에 저것이 생기고, 이것이 사라지기 때문에 저것이 사라진다."

- 사성제(四聖諦): 고성제, 집성제, 멸성제, 도성제

- 사법인(四法印): 제행무상, 제법무아, 일체개고, 열반적정

- 해탈(解脫): 팔정도의 중도를 행함으로써 번뇌의 얽매임에서 풀리고 미혹의 괴로움에서 벗어남

- 차별된 생각을 뛰어넘어 평화롭게 되고 잘 해탈하기 위해서는 무아(無我)를 있는 그대로 바른 통찰지로 본 뒤에라야 취착 없이 해탈할 수 있음.

참고 문헌

◆ ◆ ◆

- EBS,『수능특강』, 2018, 2025.

- 각묵 지음,『상윳따 니까야2』, 서울: 불광출판사, 2020.

- 니컬러스 웝숏 지음, 김홍식 옮김,『케인스 하이에크』, 서울: 부키, 2014.

- 데카르트 지음, 이현복 옮김,『방법서설』, 서울: 문예출판사, 1997.

- 로버트 노직 지음, 남경희 옮김,『아나키에서 유토피아로』, 서울: 문학과지성사, 2000

- 루소 지음, 박호성 옮김,『사회계약론 외』, 서울: 책세상, 2019.

- 마르쿠스 아우렐리우스 지음, 박문재 옮김,『명상록』, 서울: 현대지성, 2020.

- 마르크스 지음, 강성화 해설,『경제학 철학 수고』(해제), 2005.

- 맹자 지음, 우재호 옮김,『맹자』, 서울: 을유문화사, 1994.

- 묵자 지음, 신동준 옮김,『묵자』, 서울: 인간사랑, 2018.

- 문종길 지음,『윤리와 사상: 텍스트와 함께 읽기 1, 2』, 서울: 책과나무, 2018.

- 비롤리 지음, 김경희 옮김,『공화주의』, 서울: 인간사랑, 1997.

- 아리스토텔레스 지음, 천병희 옮김,『니코마코스 윤리학』, 서울: 숲, 2014.

- 아리스토텔레스 지음, 최명관 옮김,『니코마코스 윤리학』, 서울: 을유문화사, 2001.

- 로버트 L. 애링턴 지음, 김성호 옮김, 『서양 윤리학사』, 서울: 서광사, 2003.

- 앤서니 케니 지음, 김성호 옮김, 『고대 철학』, 서울: 서광사, 2008.

- 앤서니 케니 지음, 이재훈 옮김, 『현대철학』, 서울: 서광사, 2013.

- 에피쿠로스 지음, 오유석 옮김, 『쾌락』, 서울: 문학과지성사, 1998

- 에픽테토스 지음, 김재홍 옮김, 『에픽테토스 강의』, 서울: 그린비, 2023.

- 임마누엘 칸트 지음, 백종현 옮김, 『윤리형이상학 정초』, 서울: 아카넷, 2014.

- 조긍호, 강정인 지음, 『사회계약론 연구』, 서강대학교출판부, 2025.

- 존 롤스 지음, 황경식 옮김, 『정의론』, 서울: 이학사, 2001.

- 존 롤스, 에린 캘리 지음, 김주휘 옮김, 『공정으로서 재서술』, 서울: 이학사, 2016.

- 존 스튜어트 밀 지음, 서병훈 옮김, 『자유론』, 서울: 책세상, 2005.

- 진래 지음, 이종란 옮김, 『주희의 철학』, 서울: 예문서원, 2002.

- 최진석 지음, 『노자의 목소리로 듣는 도덕경』, 서울: 소나무, 2002.

- 칸트 지음, 백종현 옮김, 『실천이성비판』, 서울: 아카넷, 2014.

- 필립 페팃 지음, 곽준혁 옮김, 『신공화주의』, 서울: 나남, 2012.

- 플라톤 지음, 박종현 역주, 『플라톤의 국가 · 정체』, 서울: 서광사, 2005.

- 프리드리히 A. 하이에크 지음, 김이석 옮김, 『노예의 길』, 서울: 자유기업원, 2018.

- 한비자 지음, 이운구 옮김, 『한비자』, 서울: 그레이트북스, 2007.

- 한스 요나스 지음, 이진우 옮김, 『책임의 원칙』, 서울: 서광사, 1994.